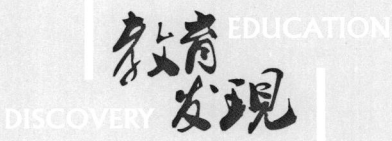

做 新 教 师 ， 从 教 育 发 现 开 始

教育
发现

EDUCATION DISCOVERY · EDUCATION DISCOVERY · EDUCATION DISCOVERY · EDUCATION DISCOVERY · EDUCATION DISCOVERY · EDUCATION DISCOVERY · EDUCATION DISCOVERY · EDUCATION DISCOVERY

做新教师，从教育发现开始

FAXIAN JIAOSHI CHENGZHANG MIMA

发现教师成长密码

于春祥 著

山东文艺出版社

铸造人生金字塔（代序）

亲爱的朋友，非常感谢你读这本书。有三个问题先请你回答：你喜欢你的职业吗？你热爱你的学生吗？你痴迷你的学科吗？如果三个 yes，请允许我期待欣赏你的卓越！如果两个 yes，你一定是你们学校的优秀教师。如果一个 yes，你一定希望你的事业能有所改善。如果三个都 no，那么，你可真的应该感谢这本书了。它会告诉你从 no 向 yes 转型的密码。

人生态度"金三角"

其实，开篇的三个问题，我把它称之为人生态度"金三角"。我从1975 年开始任教，始终不忘喜欢教育事业，热爱我的学生，痴迷我的学科。1989 年荣获全国优秀教师称号，2001 年被评为淄博市中学学科带头人，2008 年被评为淄博市特级教师，2010 年荣获山东省特级教师荣誉称号。态度决定一切，这是教师成长的铁律。这个"金三角"还蕴含了三条成长定律。

一喜欢就快乐。这就是喜欢快乐律。

一热爱就幸福。这就是热爱幸福律。

一痴迷就成功。这就是痴迷成功律。

人生有三求：一求快乐；二求幸福；三求成功。如果你想快乐，就一定要选择"喜欢"；如果你想幸福，就一定要选择"热爱"；如果你想成功，就一定要选择"痴迷"。"喜欢"、"热爱"、"痴迷"是最崇高的自私。这就是成长密码。

实践理性"金三角"

有了好的人生态度，接下来就得拥有好的行为习惯。制约我们行为方式的有三个概念。一曰"觉然"，即感觉和经验；二曰"应然"，即理性和规范；三曰"实然"，即具体实践。这三个概念关联构成了实践理性"金三角"。有一首歌叫作《跟着感觉走》，感觉很容易左右工作的方向。想怎么做就怎么做，往往就会演绎感觉经验的循环。从"觉然"到"实然"是一种下意识习惯性的路径。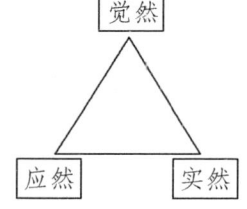而且，它会误导你执着地认为这就是捷径。当感觉经验的循环固化为理所当然的时候，创新会开始远离，成长就开始减速了。智慧的行为方式应该是从"觉然"到"应然"，然后，再从"应然"到"实然"。"应然"的追问，会使你的工作多一份规律，多一份规则，多一份理性，多一份规范。实践的理性回归，会引领你的创新实践。创新即成长。

问题研究"金三角"

亲爱的朋友，如果问你正在做什么，你一定会不费吹灰之力地给出答案。但是，如果问你正在研究什么，你有清晰的答案呢，还是感觉有些茫然？研究是所有名师的招牌性品质。一提研究，难免会有研究神秘，或者研究畏惧的心理。作为一线教师，如果有能力搞一些正规的立项课题研究，自然会得到严谨的、科学的历练。我们更提倡的是，问题研究。当下流行一句话，"问题就是课题"。这句话虽然有道理，但是并不完全对。把问题变成课题，问题才成其为课题，如果没有课题意识，没有"变"的过程，问题依然还是问题。

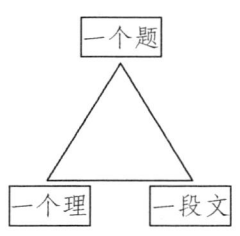

问题研究可以采用"短平快"的模式。从简约、实用出发，问题研究也有一个"金三角"，即：手头一个题；追问一个理；笔下一段文。在具体操作过程中，每个方面各有三个细节请大家注意。"一个题"，即是把教育教学中遇到的问题定义为一个小课题。三个细节：1. 问题定义；2. 问题分析；3. 改进预期。"一个理"，即是通过理性追问和行动研究，弄清楚问题背后的原因和解决问题的依据。三个细节：1. 以读明理；2. 以行验理；3. 以思说理。"一段文"，即是把问题研究的经历和结果用一段文字表达出来。三个细节：1. 可长可短；2. 体裁不限；3. 见诸书面。要工作就不会没有问题。有问题是正常的，老觉得没有问题反而是不正常的。有问题不可怕，发现问题就是发现发展空间。正所谓，问题相伴我成长。一旦养成了"问题面前究事理，且将事理话你知"的研究习惯，你的成长就会进入快车道。

日常习惯"金三角"

回忆 38 年的教育生涯，我终于明白了一个简单的道理：优秀是一种习惯。人都是习惯的奴隶。追问我的成长，或许我的"于三点"能够与你分享。所谓"于三点"，即：是每天读一点，每天思一点，每天写一点。我把它叫作日常习惯"金三

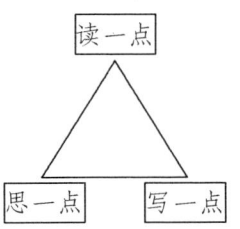

角"。如此"三点",谁都能做到。关键是"每天","每天"就是天天、月月、年年,就是坚持一生。"于三点"真是我的"金三点"。假如没有这"三点",我的荣誉都不会存在,我的成长将遭遇阻碍,我的快乐将会走开,我的幸福将不会到来。此"三点"核心是"写一点"。如果只是"读",未必会有"思"和"写"。只要坚持"写","读"和"思"就会成为必然。人生因写而精彩。

从几何学角度展开想象,每一个"金三角"恰似一个小"金字塔",如果将四个"金三角"组合在一起,就能拼出一个更大的"金字塔"。

"金三角","金字塔",深藏智慧和密码。成长奥妙有几许,且等笔者细细拉……

2014 年 1 月

齐国故都临淄

目　录

第九章　我的课典我的爱

第十章　案例故事一串串

第十一章 阳光总在风雨后

第一章
成长定律话你知

　　我从17岁开始任教，先后教过高中、初中，管过小学、幼儿园。当了16年班主任，做过教导主任，当过教研员，干过校长、教研室副主任。多学段、多学科、多角色的教学和管理经历，成了我一笔宝贵的财富。任何一个角色，我从不敢懈怠，只想竭尽所能做到极致。先后被评为全国优秀教师，淄博市中学学科带头人，淄博市特级教师，山东省特级教师。一路走来一路想，成长规律在何方？杜撰成长七定律，但与亲们来分享。

研究快乐定律

这些年来，我一直在为教师的生存现状而担忧。不管什么时候问我们的老师："最近，工作感觉怎样？"回答多是一个字："苦！"在我看来，假如教育只有"苦"，那么教育就失却了人道。从教一生，苦累一生，心酸一生，疲惫一生，无聊一生，教学便成了一种刑罚！没有快乐，苦还有什么价值？没有幸福，累也就失去了意义。在我的教学生涯中，也有过这样的"苦累期"。究竟是什么让我拥抱教师的幸福和快乐的呢？我的体会再简单不过了：

自古成长一条路——研究才是必由之路。

"研究"两个字意蕴颇丰。"研"字，左右结构，左为"石"，右为"开"，让我们痴痴地想，这"石"为什么"石"？又如何才能"开"？原来是"金石"，得用"精诚""开"。如果不热爱，研究不会来。"究"字，上下结构，上为"穴"，下为"九"。"穴"为洞窟，欲知深浅需探求；"九"表持续，想要研究贵恒久。研究一旦成习惯，幸福自会跟你走。教育生活一旦成为我们研究、探索、创新的资源，幸福就会不期而至。

研究作为一种积极的思维活动，能使大脑产生一种叫作神经肽的物质——"愉快素"。研究不管是其过程，还是成功当中，都伴随着一种"幸福美感"的体验。研究的投入而催生的"愉快素"和"幸福美感"，不仅是对生命的滋养和回馈，而且标志着生命价值的升华。正所谓：老师一研究，学生就快乐！人生一研究，幸福你和我！

朋友，想幸福吗？想不断提升生命的价值吗？那就请吧——双脚踏上研究的路，越走路越宽！

研究增寿定律

最近，我一直在思考一个问题，为什么一定要走研究型成长的道路，为什么一定要喋喋不休地劝告老师们研究？"研究是工作的需要，是成长的需要，是生命的义务"，这话太口号，太没有说服力了。我的新发现是：研究增寿定律。

研究是对生命的终极关怀。研究之人多长寿。

近年来，几位大师的逝世给我提供了有力的例证。

2005 年 10 月 17 日，中国一代文学巨匠巴金在上海逝世，享年 101 岁。2004 年 12 月 3 日，国际数学大师、著名教育家、中国科学院外籍院士、南开数学研究所名誉所长陈省身教授，在天津逝世，享年 93 岁。联想到叶圣陶老先生的高寿 94 岁，杨振宁先生的"82—28"现象，我终于形成了研究增寿定律。研究增寿，纵然是一个假说，也很有研究的价值。利用反证法，我在想，假如巴金先生没有1200万字的著作，假如陈省身没有研究数学，假如叶老没有教育家的经历，也许高寿不一定惠顾他们。假如杨振宁先生不痴迷于科学，也许他会失去青春再来的机遇。

我甚至武断地推测出研究增寿的脑科学依据。现代医学界定死亡，已经不再是心脏停止跳动和呼吸的停止，而是"脑死亡"。脑死亡的生物学机理我并不知晓，但是，我在想，大脑细胞开发的多少，应该与寿命的长短具有相关性。人的大脑细胞约有一万亿个，而我们一般人只开发了 10％左右。在刺激和活动中一些大脑细胞会被激活，研究是高投入的大脑活动，从而扩大大脑细胞的激活数量。另外，我们还可以找到思想让生命延续的证明。《儒林外史》中提到：严监生临死之时，伸着两个指头，总不肯断气，几个侄儿和一些家人都来讧乱着问，有说为两个人的，有说为两件事的，有说为两处田地的，纷纷不一，严监生只管摇头不是。"赵氏慌忙揩揩眼泪，走近上前道：'爷，别人说的都不相干，只有我晓得你的意思！你是为那灯盏里点的是两茎灯草，不放心，恐费了油。我如今挑掉一茎就是了。'说罢，忙走去挑掉一茎。众人看严监生时，点一点头，把手垂下，登时就没了气。"思想是生命的支撑。假如严监生不想那"一茎灯草"，也许他早就归西了。在我们乡下，经常听说某某人临近死亡，因挂念某人而保持生命的延续，当如愿以偿才魂归故里。

如果是这样，读一本书，就能激活一些大脑细胞，研究一个问题，又能开发一些大脑细胞。大脑细胞开发数量越多，寿命就会越长。

呵呵，俺就是这么想的，荒谬之处请高人指点。

爱心与幸福守恒定律

爱是生命的要素，它从我们的中央向我们的周身、向我们的一切思想和行动的涟漪浸透、流注。爱是人类福祉的护身符——它能叩开每一个人的心灵之门。

——伊而莎白·卡迪斯·坦顿

据说，上帝在造完人之后，决定要把人类最珍贵的财富——爱——藏起来。于是，众位天神开始出招。天神甲说："我看就把爱藏在高高的天国之上。"天神乙说："要不就把爱沉淀在大海的万丈深渊。"天神丙说："也许藏在原始森林的中央是最保险的。人类就是想寻找，也禁不住豺狼虎豹的侵袭。"这些主意，上帝似乎都不太满意。最后，总有魔高一丈者："依我看把爱藏在人的心里是最可靠的。"上帝对这一高招非常满意。又说："那好，为了让人不能窥视这一宝藏，人的眼睛就让它直往外看吧。阿门！"

这个故事给我们三点启发：

其一，爱是生命的基因。爱是生命所在。没有爱的生命是不存在的。从哲学上来看，爱是存在的依附，爱是活着的理由。一个人如果没有了爱，就失去了生存的勇气。但是，爱的存在并不在于获取、收藏，而在于爱的奉献。评估一个人的爱心指数的大小，往往是以爱的付出量为标准。对爱的吝啬恰恰是对爱的虐杀。尽管有不少的人诋毁爱的功利，但是，在我看来，没有回报的爱是不存在的。从心力学上分析，爱的奉献力＝幸福的获取力。而且，只要有爱的奉献，就一定有作为反冲运动的幸福的获得。这就是：爱心与幸福守恒定律。这一定律的意义在于，假如你想幸福，请奉献你的爱。当奉献成为习惯，幸福就会伴你永生。

其二，爱是人生的绿灯。一个人，当感觉到事业没有进展的时候，当感觉到没有朋友的时候，尤其是当感觉到走投无路的时候，请先检查一下爱心是否处于"零付出"状态，如果是那样，你一定是正在痛苦地咀嚼"零幸福"的孤独和无奈。

其三，阳光是爱的温床。一个人心中不能没有太阳。心里充满阳光，眼前才有希望。现在，我们总是发现有些老师拘泥于灰色思维中挣脱不出来，睁开眼就是黑压压、乌沉沉的世界，总有"天下皆浊我独清"的愤慨。结果黑暗孕育烦恼，烦恼恣肆焦虑，焦虑泛滥抑郁。心里面积淤过多的烦恼、焦虑、抑郁，爱心就不会再有宽阔的空间。我们的使命是为世界播撒阳光。下面，请大家看"亘古未有"的"亘"字。上面一横是天，下面一横是地，人生天地间，只有拥抱阳光，才会成为永远。

我们不妨在心里种一个太阳，学会阳光思维，享受阳光人生。

人生价值最大化定律

人活着，都在追求，追求的目的，有且只有一个，这就是"人生价值最大化"。这个关于人生经济学的"大道理"并不太难懂，但是，究竟怎样才能使"人生价值最大化"？它的实现形式是怎样的？这就需要我们好好研究了。

下面，结合太极图作一说明：

太极图，又叫双鱼图。黑白二色，代表阴阳两方。太极图蕴含着神秘的智慧，其解读不一而足。就人与人、人与自然的关系而言，我们可以有这样的认识：如果一条鱼是"我"，那么，另一条鱼应该是"他"和"它"，即"我"以外的人和自然。按照天人合一的思想，我们可以生成下面的数学推演：如果"我"是"1"，那么，我以外的"他"和"它"其数值也应该是"1"。那么，1×1＝1，这个积的"1"来之不易。这就是天人合一的"一"。这个"一"太神秘了。道家说："道生一。"佛家说："一就是一切。一切就是一。"在这里我们必须尊重"道"的规定：作为两个因数的"1"必须取"1"才有作为积的"1"。从实践的层面来看，把"我"看作"1"并不难，难的是把"我"以外的世界看作"1"。把"我"以外的世界看小就等于把"我"看小。

由此，我们可以得到下面的推论：

作为一名教师，要想实现人生价值的最大化，必须在把"我"看作"1"的同时，把学生看作"1"。现在我们再来看"一切为了学生，为了一切学生，为了学生的一切"这条教学理念，也许会更为深刻。联想到《国歌》中的一句歌词"我们万众一心"和"心往一处想"、"劲往一处使"两句俗语，我们会体会到"道"的魅力。道藏于心，行将善焉。

双鱼合一之后，我们还可以再悟另一层"道"。双鱼合的"一"，不是别的，恰恰是"一个""0"。人太容易把自己看作"1"了。人总会为懈怠找到许多理由："年纪大了，学历足了，职称顶了，工资够花了，歇歇吧！"每每进入"1"的持盈状态，必须明了"道"的提醒："'我'是一个'0'！""0"，道家说是"无"，佛家说是"空"。所谓"实则虚之，虚则实之"，然也！人生的过程，就是"0"和"1"的交替运动。

"跪姿"曲线定律

在 经济学上有一条著名的"命—财关系曲线",因为曲线的样子如同人的跪姿,亦称"跪姿曲线"。如图:

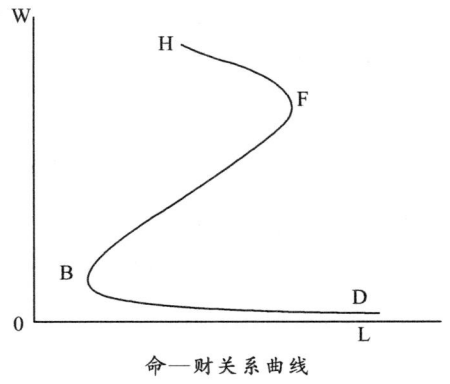

命—财关系曲线

按照经济学家吴思先生的理论,该曲线可以分为三段。

最上边是从髋部到头部(F—H),称为自由境界线。髋部的转折点F就是自由点。在此点之上,人们不必继续"以心为形役",有时间做自己喜欢的事。这是向真正合乎人类心性的生活弯腰。

中段称之为温饱小康境界线,从髋部降到膝部(F—B)。膝部的B点表示最低温饱标准。本段的特征近似出卖苦力,无论是否喜欢工作,总要挣钱谋生。

最下面,从膝部到脚部(B—D)为求生境界线。这是为了生命的存在，向奇缺的生存资源屈膝。

从"跪姿曲线"的三段论，联想到王国维的人生三境，不觉心生许多感慨。"昨夜西风凋碧树，独上高楼，望尽天涯路。"此第一境界也。"衣带渐宽终不悔，为伊消得人憔悴。"此第二境界也。"众里寻他千百度，蓦然回首，那人却在，灯火阑珊处。"此第三境界也。这三重境界与三段"跪姿曲线"由下到上依次对应。

教育的确需要一些经济学的思考。精神毕竟不能脱离物质而独存，没有物质基础做铺垫的高尚，有时候只是一种浮饰而已。

当教育作为一种职业，其报酬连满足人的生存需求尚且不能的时候，选择教育就意味着一种冒险。甘肃省渭源县县委副书记李迎新曾含泪写下过《渭源县代课教师状况调研》：渭源县有六百余名乡村代课教师每月仅拿着40元到80元不等的工资；每月拿40元工资的又占了代课教师的70%，部分代课教师这样的工资已拿了20年！"每月拿40元工资"，这在西部地区，依然还有50万代课教师，他们承担着至少1000万农村孩子的教育任务。这样的"血酬"是时代的悲哀，是国家的悲哀，更是教育的悲哀，也是教师人生的悲哀。对于处于求生境界线的教师，我们只能无奈地赞美他们"昨夜西风凋碧树，独上高楼，望尽天涯路"的勇气，但是，再强迫他们进入"众里寻他千百度，蓦然回首，那人却在，灯火阑珊处"的自由境界人道吗？

处于温饱小康线的教师，对报酬的计较并不是低觉悟的"小气"。争取贡献和报酬的对等，这是生存经济的使命。但是，我们需要避免一种"贡献"涨溢评估现象。按照2002年诺贝尔经济学奖获得者卡尼曼的说法，在可以计算的大多数情况下，人们对所损失的东西的价值估计，一般都高出得到相同东西的价值的两倍。明白这个道理，我们就会平抑贡献获取不等的矛盾。我们的追求依然应该是，"衣带渐宽终不悔，为伊消得人憔悴"。

　　进入自由境界线的报酬标准，未能查询到经济学界的规定。按照当下的社会背景，一般应在年薪50000元人民币以上。就全国教育而言，能进入这一境界线的只是一些发达地区。这些地区的教师，应该有责任，呼唤休闲的权利，积极探索教育的发展规律，促进自身的专业化成长，引领全国的教育步入自由王国。

卓越定律——让世界需要你

爱默生以自己的行动实践了这一条人生法则："你要做到让世界需要你，这样，人们才会给你面包。"这话非常深刻。朋友，我们不妨这样问一问："世界需要我吗？""我的'面包'在哪里？"检验的标准倒也不难，看看个人当前从事的工作是否可以被人替代。假如你行，他也行，那么，你的"面包"时刻存在被人拿走的危险。我们需要思考，什么才不能替代？答曰，优秀！优秀可以争取，但是，优秀不可替代。我想起了卓越定律：优秀的一定处于塔尖的位置。别太自谦，"世界离了我，地球照样转"，这句话其实就是消极的盾牌。

我不敢说现在我就是优秀的，但是，我的人生的确是在向优秀靠拢。你可以骂我不知天高地厚，王婆卖瓜，然而，我不能掩饰我内心真实的想法。我们得敢于说："我的存在很重要。"世界因我而精彩！这样承诺绝非一种狂妄，而恰恰是一种责任和使命。

只要你想卓越，你就能够走出卓越。请牢记马丁·路德·金的告诫吧："上帝赋予了每一个正常人实现某种目标的才能。的确，某些人天生就比另一些更有才华；然而，上帝从来未叫任何一个人一无所能。"

美丽指数最大化定律

近些年来，人们越来越重视自己的形象设计，美容化妆业风靡全国。想让自己漂亮，这是人的天性，无可厚非。波士顿大学心理学博士南茜·埃特考夫女士在她的《漂亮者生存》写道："成千上万的钱财被人花在化妆品和整容手术上，而理由只有一个，即这些行业满足了一个世界的需要，在那里长得美具有生存的价值。"亚里士多德对人为什么渴望形体美的回答就是："只要他不是瞎子，就不会问这个问题。"对于漂亮的作用，南茜·埃特考夫女士认为："长相美丽的人，不管个子大小，别人都会留给他（她）们一个较大的个人空间，在他们的周身，笼罩着一种特权。"

但是，不少人都有这样的体验，化妆品品牌不是不高，美容技术不是不好，但是，往梳妆台前一站，依然觉得自己不漂亮。问题出在哪里呢？原来，人是肉体和精神的和谐统一体，面容、躯体的好看并不能衍生气质的美丽。真正的漂亮不能离开精神的支撑，所以，精神美容理所当然地应该引起大家的重视。精神依靠文化支撑。重视气质美丽，我们就应该学会用文化化妆。

下面我想再一次用"太极图"推演出一个美丽指数最大化的概念。

按照天人合一、阴阳整合的理念，如果容貌外表的美丽数值等于1，那么，只有在气质美丽数值也是1的时候，美丽指数才会最大，即1×1

=1。如果气质美丽数值<1，那么，人的美丽指数一定<1。

我们必须正视一般人只重视容貌外表美丽，而忽视气质、精神美丽的时弊。没有文化化妆的"成本"投入，外表的美容"成本"再高也不能变现为"姿本"。

关于这一点，古人曾有过经典的阐释："士大夫三日不读书，则义理不交于胸中，对镜觉面目可憎，向人亦语言无味。"（宋代黄庭坚语）"三日不读书"，我们也应该察觉自己的"面目可憎"。宋真宗的《励学篇》云："富家不用买良田，书中自有千钟粟。安居不用架高堂，书中自有黄金屋。出门莫恨无人随，书中车马多如簇。娶妻莫恨无良媒，书中自有颜如玉。男儿欲遂平生志，五经勤向窗前读。"这其中的"千钟粟"、"黄金屋"、"颜如玉"一直被人当作比喻作解，今天我读出了诗的真意。"千钟粟"，精神食粮也，书本可餐。"黄金屋"，圣贤居于其中，可亲可友。"颜如玉"，形与神兼美，书能有益气质。

文化化妆，对于爱美尤甚的女人，更有特别的启迪。据法国一项研究表明，爱读书的女人不易发胖，显得年轻。关于这一点，我们还可以从江浙一带读书女人形体的苗条优美受到启发。

朋友，当你走出美容厅之后，别忘了找个地方静心读书。

第二章
甘为使命做奴隶

　　只要选择了使命，你就会情愿做使命的奴隶。有了使命，你就要全力以赴，认认真真，一丝不苟，精益求精地付出你的努力。你得明白，"任劳"之后，不一定会有奖赏，"任劳"后面还有两个字，"任怨"。对，就是"任劳任怨"！你能接受多么大的抱怨，就会得到多么大的成功。只有"任劳任怨"，才能"无怨无悔"。只有"无怨无悔"，才配享受成功和幸福。请记住希尔顿洗马桶的启示……

希尔顿洗马桶的启示

在美国广为流传着一个耐人寻味的故事：

许多年前，一个年轻人来到一家著名的酒店当服务员。这是他涉世之初的第一份工作，他将在这里正式步入社会，迈出他人生关键的第一步。谁知上司竟然安排他洗马桶，而且工作质量要求高得惊人：必须把马桶抹得光洁如新！为此，他心灰意冷，一蹶不振。正在这关键时刻，一位前辈出现在他的面前。她并没有用空洞理论去说教，而是言传身教，身体力行，亲自洗马桶给他看了一遍。首先，她一遍遍地抹洗着马桶，直到抹洗得光洁如新；然后，她从马桶里盛了一杯水，一饮而尽！丝毫没有勉强。这件事让希尔顿深受震撼。于是他痛下决心："就算一辈子洗马桶，也要做一名洗马桶最出色的人！"从此，他脱胎换骨成为一个全新的人；从此，他的工作质量也达到了无可挑剔的高水准：为了检验自己的自信心，为了证实自己的工作质量，也为了强化自己的敬业心，他也多次喝过马桶里的水。几十年光阴一晃而过，后来，他建立了享誉全球的希尔顿酒店帝国。

这个故事很有哲学内涵：
一个能洗好马桶的人，不会洗一辈子马桶。

一个洗不好马桶的人很可能要洗一辈子马桶。甚至，连洗马桶这个差事也会丢掉。

干好手头的工作是成长的基础。追求工作的完美是生命的义务。人与人之间经济上的差距，事业上的差距，都可以归结为敬业态度和日常工作完美度上的差距。成功永远不会恩典吊儿郎当、玩世不恭的人。

给自己建一座完美的房子

话说有个工程师准备跳槽，老板有点难舍，问他是否可以再帮忙建最后一座房子。工程师见老板并没有执意反对他离开，于是答应了老板的请求。说时迟，那时快，工程师领一干人马，只一个月，房子建成了。他手持房门钥匙，急匆匆地到老板那里交差。老板先是表示感谢，随后又将房门钥匙郑重地交到工程师的手上。"你在公司干了这么多年，公司对你不能没有任何表示。这座房子就是公司给你的奖励。"工程师的手开始发抖，心也在颤个不停。过了老长时间，他终于发话了："这房子我不能要。老板，你去看看，这墙砌得七高八矮，灰沙标号也不合格，门窗材料还是次品……"老板只是一句话："这话请跟你自己说吧。记住，你每天的工作都是在为自己建房子。"这工程师惊得目瞪口呆，羞愧得无地自容。

前些日子到学校调研，我曾做过这样的实验：让老师们在问卷上写这样两句话："我认真备课。""我认真批改作业。"结果有不少教师在写"认真"两个字的时候打怵。论教学，备课、批改作业应该是最基础的工作。但是，能够认真备课的占多大比例？30％？有吗？业内人士心知肚明，70％的备课都是打了折扣的。认真批改作业的比例要大一些，但是，依然有20％—30％的教师是在为应付检查而批改作业。年终检查前补作业的总是难以杜绝。我们有些老师总觉得自己是在给别人打工，总觉得工作是在给别人建房子。悲哀的是，应付已经成为某些老师的工作习惯。别一味地活在大话里面，"工作要为国家负责，要为党负责"，要首先懂得"为自己负责"。为自己负责，就是为学生负责；为学生负责，就是为学校负责；为学校负责，就是为社会负责；为社会负责，就是为党、为国家负责。

别忘了给自己建一座完美的房子！

给生命插上翅膀

话说一个人在高山之巅的鹰巢里，抓到了一只幼鹰，他把幼鹰带回家，养在鸡笼里。这只幼鹰和鸡一起啄食、嬉闹和休息。它以为自己是一只鸡。这只鹰渐渐长大，羽翼丰满了，主人想把它训练成猎鹰，可是由于终日和鸡混在一起，它已经变得和鸡完全一样，根本没有飞的愿望了。主人试了各种办法，都毫无效果，最后把它带到山顶上，一把将它扔了出去。这只鹰像块石头似的，直掉下去，慌乱之中它拼命地扑打翅膀，就这样，它终于飞了起来！

这个故事让我悟出了一个道理，生命就是从鸡到鹰的泅渡。鹰习惯了鸡的生存方式，会以为飞是一种奢侈、冒险、痛苦、折磨。人在退缩的时候会有千万条理由，就是不能找到前进的一条理由。不少人总以为，通向幸福自古只有"安逸"一条路。假如问谁想成功，举手的人一定不为少数，但是，假如问谁想吃苦，迎合者一定寥寥无几。不经历风雨，想见彩虹的人太多了。

就拿写教育随笔来说，好多人之所以下不了决心，多不是能力问题，而是下不了甘愿吃苦、坚持吃苦的决心。能做到，还是不能做到，其实只在一念之间。没有苦，哪有甜？这该是再通俗不过的道理了。尤其是像我们这样经历了"文革"的一代人，都明显存有知识的先天不足，如果后天再懈怠，那么，与 21 世纪的教育为伍尚且困难，更不用想取得什么划时代的成就。我们的确懒不起了！时代的发展越来越显现出对我们这些人淘汰的趋势。历史害了我们，也别寄托谁会拯救我们。"世上从没有什么救世主，也不靠神仙皇帝。"要创造美好的未来，全靠我们自己。如同尼采说的，人生就是由禽兽的这一端，用我们的一生，走向超人的那一端的过程。

释迦牟尼说过，在这世间想借助外力，以求救赎都是没用的，真正的救赎在自己。请再听下面的故事：

且说某人在屋檐下躲雨，看见观音正撑伞走过。这人说："观音菩萨，普度一下众生吧，带我一段如何？"观音说："我在雨里，你在檐下，而檐下无雨，你不需要我度。"这人立刻跳出檐下，站在雨中："现在我也在雨中了，该度我了吧？"观音说："你在雨中，我也在雨中，我不被淋，因为有伞；你被雨淋，因为无伞。所以不是我度自己，而是伞度我。你要想度，不必找我，请自找伞去！"说完便走了。

第二天，这人遇到了难事，便去寺庙里求观音。走进庙里，才发现观音的像前也有一个人在拜，那个人长得和观音一模一样，丝毫不差。这人问："你是观音吗？"那人答道："我正是观音。"这人又问："那你为何还拜自己？"观音笑道："我也遇到了难事，但我知道，求人不如求己。"

穆罕默德说："如果你呼唤那山，而山不来，你便向它走去。"这才是我们应取的生存态度。心里点不亮一盏心灯，眼前只能是一个昏暗的世界！

救不了自己，别奢望去救别人，因为你没有资格。现在我们需要扪心自问：我把自己救出来了吗？教师的生命飞不起来，学生的生命怎能飞到理想的高度？快给生命插上翅膀，艰苦算什么，飞翔，只有飞翔。我心中不觉又把这首歌儿唱响："雄鹰在蓝天上飞翔……带着一个美好的祝愿，带着一片真诚与向往。借我一双你的翅膀，我要跟你一起飞翔。飞过草原，飞过山冈，飞过雪山，飞过牧场，飞过草原，飞过山冈。"

就为对得起这顿饭

几年来，领导让我操持全区的教育科研工作。我自知才疏学浅，难当此任。不过我对工作还是愿意卖力的。全区中学 27 处，小学只是城区学校和乡镇（街道办）中心小学又是 16 处。四十多处中小学每学期去一趟都不容易。学校领导非常好客，每每去了总要招待一番，中午一顿饭是必吃无疑的。在吃饭之前，我总要思考一个不能再简单的问题：自己干的活称不称这顿饭？我也经常在餐桌上说，来学校一次不容易，最起码也要对得起这顿饭。别人总是一笑了之，不过，我是认真的。我得敢说"对得起这顿饭"。

记得有一次，我要到南部山区边河中学进行课堂教学调研，早上 7：00 骑上我的破 70 摩托车赶在 7：30 预备以前到达。上午听了四节课，下午两节，评课两节。这就是我的出满勤、干满点的工作原则。在我看来，这不是什么高尚，人活着，你就得挣饭吃。当你的饭来得太容易的时候，那不能证明你的精明，而恰恰证明你生命潜能的"消解"。

我读过这样一个故事：

某中学的毕业仪式上，校长给大家出了一个题目：让大家跑步，最早到达终点的人可以得到一份丰厚的神秘奖品。

为了得到奖品，大家都不遗余力，争先恐后。

经过激烈竞争，所有人都到达了终点，冠军也从中产生了：一个高大英武的男孩。

男孩找到校长，去领奖品。

让他颇感意外的是，校长给了他一个盒饭。

男孩非常不满。

校长说："我们举行这次比赛，只是想让大家记住一个朴素的真理：一顿饭来之不易！"

哲学家赫舍尔说："世界是这样的，面对着它，人意识到自己受惠于人，而不是主人身份；世界是这样的，你在感知到世界的存在时，必须做出回答，同时也必须承担责任。"德国哲学家和教育学家鲁道夫·史代纳说过："人类为了使自己更为富足，便从外在环境取用各种东西加入自己的生活中。但若不能对由外而来的东西心怀感谢、尊敬，便无法真正使外来的东西内化为自己的。这不管是对形成身体养分的食物，还是对头脑中运作的知识都是相同的道理。'感谢'或'敬畏'，是人类与外面世界取得关联的重要感情。"我一直在想，"谁知盘中餐，粒粒皆辛苦"中的"辛苦"不仅仅指"种田人"的"辛苦"，而尤其应该包括"吃饭人"的"辛苦"。不付出"辛苦"就大口吃饭的人，那只能叫寄生虫。人，不能有挣口饭太容易的感觉。假如你去问世界首富比尔·盖茨，他也会告诫你一口饭来之不易的道理。当奉献成为平凡，平凡的含金量就大了。再说，我坚持这样干也是有私心的。我实在不想给学校留下"混饭吃的"印象。纵然自己每天都沉到学校，对于一所学校来说也只是一天半晌的时光。对于我来说工作的百分之百，很可能是学校的百分之一，我必须把每个学校的百分之一当作百分之百来对待。让我懈怠，我心不安呀。

我们每天都会端起饭碗的，问一下自己吧："我对得起这顿饭吗?"念一首《谢饭歌》吧："我们会食同心感谢，一粥一饭来处不易。上帝恩赐同胞血汗，欢喜领受为人服役。"

教师节的礼物

1994 年，我在老家齐陵镇做教研室主任。教师节前的一天，我正在办公室里写着什么，突然，一个老汉领着一个小女孩走进办公室。老人问道："你就是于老师吗？"我急忙应声答道："对。"话音刚落，只见一对老小扑通跪倒："你就是孩子的救命恩人。谢谢你了。"我被这突如其来的举动惊呆了。我急忙把长者搀扶起来。"快请坐。您老人家可是折煞我了。"老汉还递给我野味大礼——一方便袋蚂蚱。我再仔细一打量这一老一小，终于明白过来。

那是 8 月下旬的一天下午，我在区里开完了会正要坐车返回。只见在车门口有一个衣衫褴褛的老汉，领着一个满身污垢的小女孩要上车。售票员厉声说："别上了，光坐车，不给钱。"小女孩急得哭了起来。我这人生来心软，见到这等情状不觉向老汉发问："大爷，你是哪里的？""齐陵，望寺。"一听齐陵我好像进一步增加了责任感，急忙对老人说："上车吧，车票我来付钱。"说着我掏出钱递给售票员。路上一边走，我一边跟老汉聊天。这一聊，竟然把我的心提了起来。这一对祖女俩的命运太让人伤心了。原来老汉一生孤独，年龄七十挂零。这个小女孩是 7 年前被一双狠心的父母遗弃在老汉门前的。一天凌晨，老汉突然听到门口传来哇哇哭声。开门一看，呀，原来是一个女婴。老汉从此就收养了这个女孩。本来生活孤苦无着的老汉，再加一个孩子，生活越发困顿了。

等小女孩 3 岁的时候，老汉便开始领着孙女到城区来乞讨度日。三句话不离本行。我看到 7 岁的女孩成了乞丐，开始动员老汉送孙女上学。老汉口快："上学就得花钱。这钱我们到哪里去找哇。"我对老汉说："我跟你们学校的校长很熟，杂费可以减免，书本费我也会帮你解决。我给你开个条子，你只管把孙女送到学校就是了。"老汉把条子拿在手中，脸上洋溢出凄苦的笑容。小女孩听说能够上学了，在车上几乎要跳起来。

　　回到单位，我急忙给望寺小学校长打了电话。校长爽快地答应减免这个学生的学费，并且保证派人登门具体联系。小学阶段的书本费由我本人提供资助，每学期 100 元。一个失学的乞丐女童终于入学了。对于我来说，这本来属于分内之事，但是他们竟然把我当成恩人，我心里很不是滋味。我送走了祖女两个，望着这一方便袋蚂蚱，浮想联翩。这一袋蚂蚱足有上千吧？捕捉这些蚂蚱不知消耗掉了他们多少时间。我的眼前浮现出一老一小在田野沟渠崖边躬身寻觅捕捉的形象。他们的脚可曾被荆棘划破？他们的手可曾被碎石碰伤？从望寺到齐陵政府驻地足有二十多里路，祖女俩步行赶来，又步行归去。我的心咋不感动？

　　尽管这一袋蚂蚱可能由于储存时间较长，都馊掉了，但是，我依然感觉到这是我教师节收到的最珍贵的礼物，它时刻激励我为老百姓多做点事情。

用信任拯救生命

乔伊斯·布拉泽斯说过："爱的最好的证明就是信任。"一个人在获得别人信任的时候是幸福的。

9月上旬的一天，我在办公室里突然接到一个陌生人的电话："我叫于长春，是付辛（我老家的邻村）人。我的两个孩子都是你的学生。我现在得了'尿毒症'，靠血液透析维持生命。为了治病我已经倾家荡产。现在临淄区人民医院决定给我做肾脏移植手术，手术费需要十几万元，筹集这样一笔费用实在比登天还难。知道你经常写些稿子，想请你帮忙呼吁一下社会援助。"我立刻爽快地答应了他的要求，并让他托人把详细的材料送过来。隔了一天他的爱人把病历等材料送过来了。从材料中得知他在 1999 年被临淄区农业局评为农艺师。可以想到一个农民成长为农艺师是非常不容易的。在村子里他是一个勤劳智慧的热心人，经常利用黑板报、广播等给百姓宣传农业知识，经常到田边地头指导乡亲们科学种田。百姓们和区、镇政府对他的病情都很关心，先后捐款六千多元。但是，大家都知道，"尿毒症"的花费是相当惊人的。一个农村家庭该如何面对十几万元的巨额费用？都说是"好人都有好梦"，可是现实却总是上演"好人没有好报"的悲剧，上帝的公平时常遭到人们的怀疑。我们可以想见一个人在死亡的边缘挣扎的艰难。在他的自述材料中有这样一段话："我不惧怕死亡，但是我舍不得我的事业，乡亲们还等着我去指导大棚高产栽培和科学养殖技术呢。"当生命几乎被病魔断绝希望的时候，依然想到事业，这种境界让我感动。我很快草拟了呼吁的文稿——《救救这位农艺师》，并附上 100 元钱一并交给他。我这 100 元钱的确微不足道。但这是在我债台高筑，刚刚 20 万新购住房时候的一份捐助。我的债台多磊区区百元，希望为他重新磊起"命台"做一份贡献。9 月 19 日《淄博晚报》以记者文章的形式发表了这篇文章。但愿社会能够伸出热情的援助之手，帮助这位农艺师渡过人生的难关。

救人一命胜造七级浮屠。人心的善良需要善事的维护，需要形成一种习惯。守住善良，人格无价。

让我们谨记杰弗逊的教诲吧："当一个人受到公众信任时，他就应该把自己看作为公众的财产。"

第三章

梦里有颗星在追

俗语有云："读万卷书不如行万里路，行万里路不如阅人无数，阅人无数不如大师指路。"成长路上，相遇大师，生命之幸，事业之缘。在我的教育生涯中，能够两次相遇大师，而且，都是国内教育圈子里顶尖的大师，这让我一生感怀。2001—2003年，追随华东师大博士生导师叶澜教授进行新基础教育实验，新基础教育唤醒了我的教育理想，使我懂得了改革使命的担当。2003—2009年，追随苏州大学博士生导师朱永新教授进行新教育实验。新教育点燃了我的生命激情，让我体验到反思智慧和执着读写的力量。梦里有颗星在追，再苦再难也无悔。纵是毛虫亦破茧，有朝一日化蝶飞……

听叶澜讲那智慧的事情

2001 年开始，追随叶澜教授搞新基础教育实验，新基础教育特别强调在研究中形成富有创造智慧的新型校长、教师和研究人员，并通过他们培养新人。叶教授多次对教师的创造智慧进行阐述，尤其是在 2009 年温州龙岗、海南海口中小学第七次全国新基础教育共同体研讨会上，叶澜教授又一次系统地谈了她对教师创造智慧的最新理解，细细品味，受益颇多。

在叶老师看来，智慧的内涵主要有如下几个方面：

首先，叶教授认为："创造智慧不只是认识能力，它是一种生存态度。有创造智慧的人，一定是有勇气的人，他要敢于面对现实、敢于面对问题，在问题和现实的矛盾面前有强烈的迎战冲动，敢于挑战机遇，最重要的是他要敢于面对自己，要不断地追求对自己的超越。"巴比·狄波特说过，"学习过程中最有价值的资产，就是一个积极正面的态度。"新基础教育要实现中国教育的转型，包括观念的转型、教学方式的转型，继而实现人生存状态的转变，提升人的生命质量。转型就是痛苦的创生。改变自己不是顺其自然的发展，而是一次痛苦的"涅槃"。实验当中我们常常经历反思的痛楚。如果把反思比作一把手术刀，那么在解剖别人的时候也许会游刃有余，但是，假如用它解剖自己，那种血淋淋的疼痛你是无法逃脱的。但恰恰是自我的"涅槃"，才能实现智慧的更生。如果说经历是至理名言的母亲，那么思索就是它的产婆。智慧的花朵，常常开放在痛苦思索的枝头上。"问题、挑战、现实中的矛盾、机遇，都是智慧的磨刀石。舒服的环境出不来创造智慧。"

第二，要有博大的爱心。"新基础教育要能够做到底并做出成绩来，需要教师热爱生命、热爱生活、热爱事业，爱自己的祖国和民族，乃至爱人类。没有这些爱，就没有教育者深沉的内在的动力。真正从事教育的人，他是有爱心的人。"卡里·吉布兰说："工作就是把爱具体表现出来。"没有爱就不会有理想，就不会有执着的追求，就不会有变革的愿望，就不会有大智慧。

第三，要有在鲜活的动态情景中处理问题的能力。教师要在实践中透视实践，改造实践，超越自我。智慧是珠，实践是线。要想珠成串，不能断了线。教师创造智慧是在变动不拘的情境中的通达和洒脱。僵化的模式是教师智慧的砒霜。只要你习惯于迷信预设的程序、按部就班的工作，那你就是在跟智慧说拜拜了。

第四，狂妄的人，虚张声势、靠吹捧的人，自私的人，不能创造大智慧。正所谓，浅薄的人容易骄傲，无知的人容易狂妄。智慧不是小聪明、小技巧。智慧是融会贯通。智慧不仅仅靠理论和知识构成。智慧是实践反思提升的结果。虚怀若谷，才有智慧填充的空间；自满狂妄，难容智慧落脚的地盘。

感受叶澜

在我国教育家队伍中，叶澜是重量级的"腕"级人物之一。这一点有一件事情可以佐证：在我国教育界最具权威的学术期刊《教育研究》发表论文，叶澜老师的文章一般都是居首篇发表。凡是相遇叶澜的人，几乎无法不被她折服，这不仅仅是因为她具有丰厚的学养，更多的来自于她的人格魅力。提起叶澜，我们不能不提到新基础教育实验，作为一项国家"十五"重点课题，新基础教育实验凝结着叶澜教授一生对教育的理解和理想。新基础教育是她的命。

2001 年以来，有幸能追随叶澜老师参与新基础教育实验，更加难能可贵的是，取得了每年四次聆听叶澜老师教诲的机会，尤其是陪同叶澜老师听了四十多节课，然后听叶澜老师评课，这期间的收获成为我一生中最富裕的学习和研究资源。再回首，不觉发现人生态度、生命状态已经在悄然改变。叶澜的伟大在于她真的能改变人生。相遇叶澜是事业之缘，是生命之缘。

叶澜是个有使命感的教育家。面对世界范围内的教育改革，面对我国教育改革"西不西，中不中"的现状，作为跨世纪的中国教育家，必须要思考在社会的转型期如何实现教育的转型；必须要思考我们如何创建具有中国原创意义的教育理论体系；必须要思考如何让每一个教师和学生的生命都活出样来。一言以蔽之，必须要思考我们拿什么来奉献给世界，一个世界上人口最多的国家，如果拿不出独具特色的教育理论难道我们不汗颜？如果说我国的教育家真正有出息的没有几个，毛病都出在我们有许多教育家都喜欢脱离鲜活的教育实际，在书斋里创造理论成果，那么，叶澜的伟大就在于她的理论始终坚持根植于复杂多变的教育现实中。一个63岁的老太太，为了新基础教育实验，南征北战，东奔西跑，每年都要深入学校听评几百节课。她到学校调研，经常是白天听评课，晚上召开校长和教师座谈会，每天工作十几个小时。这样的工作量就是一个青年人也会感到吃力，但是，不管我们什么时候看到她，她总是精神抖擞，好像她真的不知疲倦。我不知道，在我国像叶澜老师这样坚持蹲在教室里的教育家还有多少，但是，我知道假如有的话一定是屈指可数的。她是在用她的实际行动告诉我们，人应该怎么活。

叶澜是个严肃的教育家。她似乎极不善于说恭维的话，喜欢一就是一，二就是二。她尤其不太看重官位，甚至，从不因为是"官"就给他留面子。

话语的严肃、力度、深刻是叶澜老师演说的特点。记得那是2001年5月份的一天，叶老师应邀前来临淄作新基础教育实验选点考察，我们挑了几个区级学科带头人上了几节课，结果几乎被她批得体无完肤。刚开始我们真的有点不服气，老师们也都惧怕叶老师评课。新基础教育评课的特点是从来不浪费时间进行恭维性的所谓优点罗列，有的多是对问题一针见血的分析。新基础教育主张老师首先要敞开胸怀，敢于面对自己，敢于面对问题。叶澜老师有句名言："发现问题就是发现发展空间。"在我国能够让叶澜老师听课评课指导的教师毕竟非常有限，随着新基础教育实验的逐步深入，老师们渐渐地适应了新基础教育的评课方式，以至于现在听说叶老师要来听课，老师们都争先恐后地上课。"新基础"已经让一批老师茁壮成长起来。

叶老师喜欢做事的"官"。她深悟在我国任何教育实验如果"一把手"不热心，都将会因行政力度的匮乏而流产。新基础教育实验始终坚持把"一把手"抓在手上。记得 2009 年 10 月温州第七次全国新基础教育实验共同体研讨会上，我们教育局的局长和两位实验学校校长都因事未能出席会议，叶澜老师近乎恼火地说："我是全力以赴地搞实验，你们是有空才来做。从这次会议开始，校长连续两次不参加共同体研讨会，就算是自动退出实验。"在实验调研过程中，不管哪个校长工作不够努力，都会受到叶老师毫不留情的批评。

叶澜对假课和教育的形式主义深恶痛绝。谁想用假课来糊弄叶老师，那他一定会得到严厉的斥责。她一再强调，课的虚假是对学生生命的欺骗，是最丧失人格的事情。课堂上一问就会，这样的课还有什么意义？新基础教育追求学校文化的营造，但是，特别反对标语口号的铺天盖地。新基础教育追求的是用行动书写口号。

叶澜就是这样一个充满生命激情的人，一名对事业以身相许、严肃、正直的学者。

与朱永新老师零距离

在中国教育界，朱永新无疑是一个响亮的名字。他的人格一直让人称道，这在以前也仅仅是听说而已。这一次在昆山参加"新教育2003首届研讨会"终于实现了跟朱老师零距离的愿望。他的平易近人已经成了他人格的自然特征之一，这仅仅从人们对他的称呼就可以略见一斑。人们对他的称呼丰富而有趣味。也许按照中国官本位的原则，正统的不等式的等级排列表达应该这样：市长＞博导＞教授＞老师，但是我们都乐意叫他朱老师。不错，他是市长，是博导，是教授，但是我们觉得这样称呼他有些疏远的距离感。朱老师才是零距离的称呼。

7月20日下午，接到通知让我到昆山玉昆实验学校参加座谈会。座谈会主要是向国家教育部师范司袁振国副司长汇报"教育在线"教师成长的情况。我跟几个网友提前赶到玉昆学校会议室。大概是3：30左右，朱老师来了，他跟网友一一握手。我坐在会议室比较靠里的位置，看到朱老师向我走来，我急忙向前跨了一步紧紧地握住了他的手。一种温暖、亲切的感觉在身体中荡漾。我接触过许多学者、领导，但是这种油然而生的、亲切自然的体验从来也没有过。感情的造作是不需要"验假机"来鉴别的。"朱老师好。""春祥好。欢迎，欢迎。"我一直到现在还在纳闷，有些朱老师不熟悉的网友都有人给他介绍，唯独我是他凭借他的感觉感知出我的名字的。这让我更加珍惜这种缘分。朱老师先是夸奖我一番，这实在让我惭愧。之后又问起我的年龄。当我们又成为同龄人的时候，彼此的心里又增加了几分兴奋。我当时的面容一定绽开过感动的花朵吧，要不，我拿什么来纪念朱老师脸上那纯朴而又灿烂的微笑？会议室已经被激情和友情笼罩起来。

　　一会儿，袁司长来到会议室。他的清瘦、干练、凝重，跟朱老师的富态、宽厚、随和形成鲜明的对照。两个在中国教育界以博学、睿智著称的，叱咤风云的"哥们儿"坐在一起，铸造了一道靓丽的风景。会议开始后，朱老师点名让我发言。我正蕴含着一腔的激情和感动便一股脑儿的倒了出来："走进教育在线，的确让人感动。这里真的就是一个网络成长学院。一个个有志于教育事业的奋斗者纷纷'自投罗网'，但愿她能把一批钟情于教育的仁人志士'一网打尽'，让他们能充分借助教育在线这一平台提升、发展自己。人生需要有所攀附。发展需要找到一种感觉。大脑需要智慧的'备份'。莫徘徊呀，莫悲伤，智慧就在'网'中央。我始终认为教育因反思而精彩。半年来，我坚持写教育随笔150篇。随笔写作让我找到了成长的感觉。在这半年的时间里，已经发表和即将发表的文章就有6万字。这已经超过了我以前10年的总和。我反思，我写作，我成长，我快乐。"与人分享我成长的快乐，我好激动。我发言之后，朱老师还特意介绍了我们发起的"千人万帖教师上网活动"。朱老师，教育在线已经成为我生命中不可或缺的激励力量。

　　21日上午大会开幕式，朱老师决定增补我做大会发言。我作为网友代表第一个走上主席台，用一种特别的形式来跟网友交流。我朗诵了《春祥夜话》里的两篇文章，其一为《那双鞋老在我面前晃》，其二为《教育在线，我的天堂》。我用真诚换取了现场四百多名网友的感动和掌声。我注意到坐在主席台上的朱老师和李镇西老师也在用笑容和掌声为我的真诚喝彩。我知道我没有什么水平，但是我非常看重生命的真诚。我坚信，真诚是永远不会遭到冷落的。

20 日下午，我和张向阳回来得比较晚，不好意思再去寻找朱老师等"斑竹"们就餐的地方，终于失去了给朱老师敬酒的机会，等到 21 日晚上，昆山教育局宴请大家的时候朱老师已经赶往昆明开会去了。此，昆山之一大遗憾也。由于朱老师"早退"，本想寻找机会与他合影的计划也只好落空。此，昆山之第二遗憾也。难道真的要等待明年的聚会才能了却这一心愿？不，不要等到明年，要把聚会安排在明天，对，就是明天。

我的教育在线年

在我人生的年轮中，2003 年将作为重要而且辉煌的一道晕环存入记忆。我把2003称为"我的教育在线年"。

认识朱永新老师，进入教育在线，在我的人生旅途中具有里程碑的意义。

人生太难。享受人生，就应该有"活着"的感觉。但是，回忆人生，有多少人敢于说自己的生命每时每刻都是"活着"的？尽管沉寂也是生命的权利，但是，太多的沉寂却能够暗淡生命的色彩，制约生命的能量。我不知道是否有人在研究生命力学，我只是在想，生命力或许也应该有"大小、方向、作用点"这三要素吧？对于生命来说，成长是硬道理。生命需要唤醒。朱老师和教育在线对中国教育最大的贡献就是唤醒了一批曾经沉寂的教师和学生的生命。只要明确了"方向"，找准了"作用点"，生命力就会得到提升和扩张。

进入教育在线，最大的收获在于生存状态的改变和使命感的回归。一个教师应该怎样成长，凭借什么成长？我想用自身的实践作一个例证；中国农村的教育究竟应该如何发展，我想开辟一方试验田，扎实地搞一点探索。教育兴亡，我有责任。国家兴亡，我有责任。我在想，上帝让我来到这个世界上，就是干这些活的。这些活不是别人让我做，这是我自己的事情。使命感使之然也，所以我没有懈怠的理由。

进入教育在线，我不再遭受孤独苦闷的折磨，因为这里有朋友和知己。人生能拥有一批奋进的朋友是一笔巨大的财富。能够与朱永新、李镇西、窦桂梅、卢志文、储昌楼、张菊荣、张向阳、夏清凤、干国祥等等网友攀上朋友，不能不说是一种生命之缘。近"朱"者赤，近墨者黑。事业之爱把我们的心凝聚，成功的感觉又把成功激活。

进入教育在线，我养成了读书、反思、写作的习惯。教育在线是一个读书俱乐部，是一个思想者的共同体，是一个互动的写作交流平台。读书并快乐着，反思并快乐着，写作并快乐着，这是我的真切体验。

喜逢千帖百篇纪念日

2003 年 5 月 18 日（农历四月十八）。

大清早，一阵阵喜庆的鞭炮声响个不停。

今天又是一个好日子。

真是天赐吉日，今天恰逢我上教育在线发帖1000篇，《春祥夜话》100 篇纪念。2003 年 5 月 17 日 22：24，这是一个不同寻常的时刻，我在教育在线的第1000篇帖子留给了我的好友张向阳老师的《追梦——我的教育生活（2003 年第三辑）》。《春祥夜话》100 恰是手中这篇东西。千百同至，双喜临门，姑且称作在线"千百"纪念日。

我的人生旅途已经走过了16300多天，这 100 天虽然仅占人生的 1/163，但是，就事业的发展而言，我感觉这 100 天胜过1000天，甚至更多。在这 100 天里，我找到了人生的理想；在这 100 天里，我找到了成长的感觉；在这 100 天里，我拥有了事业的攀附；在这 100 天里，我找到了人生的知音；在这 100 天里，我实现了跨越式的进步。初步盘点 100 篇《春祥夜话》正式发表约30000字。其中《教师之友》陆续发表 3 篇，约15000字；《师道》发表 1 篇，约6000字；《教育家》近期将发表 1 篇，约4000字；《山东教育》近期将发表 1 篇，约7000字；《教育在线周刊》发表两篇，约3500字；另有几篇正在整理寄发过程中。令我更为高兴的是，我用我的实际行动，影响并发起了全区教师"十百千万"在线上网活动。眼下,仅临淄区的在线教师随笔专辑大约 50 个,并且不乏精华制作。这批教师教学激情的焕发,教学理想的强化,教学探索的执着,都预示着不可限量的前景。

网络,我并不陌生,5 年的网络生涯,浏览的网站成百上千,但是,都没有给我极大的冲击。然而,教育在线的确魅力无穷,这是一个能吊人胃口,生成追求,改变命运的地方。这种感觉可用静静丝语(网友)的一句经典概括:"找到教育在线,就像游击队员找到组织一样。"这里没有森严的等级序列,就连市长也是平民;这里没有学阀的武断,有的只是对等的交流;这里没有人际的隔膜,有的只是生命的提醒与关照;这里没有疆界的屏障,有的只是大家庭的和谐。我们不得不敬佩朱永新老师的远见卓识,教育在线已经成为一个名副其实的网络教师成长学院。当年孔子弟子三千,贤者七十二,已成盖世之功,如今教育在线能将这么多的"研究生"带得如此潇洒,纵然孔子再世,也会自叹不如。谁都不会怀疑,教育在线 5 年,或者 10 年之后会为我国培养上百上千的教育专家。谁都不会怀疑,这一批在线人经过 5 年,或者 10 年的在线发展,会成长为专家型的人才。

在这样的时刻,我要特别感谢芷梅老师的介绍,是您让我认识了教育在线。我要特别感谢朱老师的鼓励和指教,我信守着十年后的承诺。我要特别感谢李镇西老总的关照,您的执着一直是我的榜样。我要特别感谢李玉龙老师的指导,您一针见血的评点始终是治疗我浮躁心态的良药。我要特别感谢储大哥、菊荣兄的厚爱,你们的关心会化成《春祥夜话》的精彩。我要特别感谢向阳、来客的帮助,你们的理性使我走出了文的局限。我要特别感谢苏小妹、王惠妹的诗意和热情,感谢大潮河的吉言和建议,感谢国平、伟华的兄弟友情,感谢抱冰客的精彩诗评,感谢还有很多很多。

我没有别的,就给大家唱支歌吧,一并表示我的感谢。唱得不好,希望大家能够喜欢："这些年，一个人，风也过，雨也走，有过泪，有过错，还记得坚持什么。真爱过，才会懂，会寂寞，会回首，终有梦，终有你，在心中。朋友一生一起走，那些日子不再有。一句话，一辈子，一生情，一杯酒。朋友不曾孤单过，一生朋友你会懂。还有伤，还有痛，还要走，还有我。"

教育在线，我的天堂

"想发展，进在线。"这句话已经成了教育在线网友的共同心声。网站纵有千千万，可以让人痴迷，但是，未必能让人发展。邓公有句名言："发展是硬道理。"尤其是在知识经济时代，不能与时俱进地发展自己，就会被时代淘汰。教育在线的魅力值与日俱增，在线网友队伍逐日庞大。教育在线已经，或者正在继续创造中国教育的奇迹。教育在线已经成了我们的最爱，成了我们的故乡，我们的天堂。"我现在一天不上教育在线，一天不读新教育论坛里的文章，就睡不着。是教育在线让我的生活充实……"（黄金海岸2003年6月5日14：39的发言）有时教育在线服务器出现故障，我们总会有一种丢了魂儿的感觉。没有你的日子里，才懂得更加珍惜。教育在线，我的天堂。

这里不缺少官员，从市长，到局长，到校长，但是，却没有官腔的绵延起伏，没有决策的专制；这里不缺少专家，从博导，到教授，到老特，从编辑，到记者，但是，却没有话语的霸权，没有学阀的专断；这里不缺少先进，从国家劳模，到省市级优秀教师，但是，却没有荣誉的炫耀；这里不缺少平头百姓，从年长的，到年轻的，但是，却没有意志的消沉，没有事业的自暴自弃。这里有的是民主的氛围，是知音的对话，是彼此的提携，是心灵的关照。如果说生命需要唤醒，那么，教育在线吹响的就是奋进的号角；如果说人性需要关照，那么，教育在线就是人生避风的港湾，你可以在这里起锚、停靠；如果说学习需要交流，那么，教育在线就是一所网络学校。进了在线，人生不会寂寞，理想会变得崇高。奋斗会找准方向，事业的丰碑会把你拥抱。这就是我的家，我的故乡，我的天堂。

"蓬生麻中，不扶而直；白沙在涅，与之俱黑。"这是荀子的教导。下面一个故事可以引发我们深深的思考：

有一天，一个路人发现路旁有一堆泥土，从土堆中散发出非常芬芳的味道，他就把这堆土带回家去，一时之间，他的家竟满室香气缭绕。路人好奇而惊讶地问这堆土："你是从大城市来的珍宝吗？还是一种稀有的香料？"

泥土："都不是，我只是一块普通的泥土。"

路人："那么你身上浓郁的香味到哪里去找？"

泥土："我只是曾在玫瑰园和玫瑰相处很长的一段时间，这就是我的自豪。"

是呀，走进在线，走进天堂，你才会享受崇高。

六大战略助推新教育

在新教育实验过程中，临淄区始终坚持"六大战略"，收到明显成效。

1. 课题带动战略。立足于靠新教育实验课题研究推动全区教育的发展，打造具有临淄特色的教育品牌，促进教师的专业化成长。

2. 骨干实验学校带动战略。为推动全区新教育实验区域性推广进程，我们坚持"以点带面，区域推进，整体发展"的原则，每年评选 20 个骨干实验学校，较好地发挥了骨干实验学校的龙头辐射带动作用。

3. 校长带动战略。区教育局明确规定新教育实验为"一把手"工程。要求"一把手"要懂新教育，要想新教育，要带头做新教育。新教育实验成效与对"一把手"的考核挂钩，与对学校的考核挂钩。在年度综合评估中将专设 30 分的权重，用于新教育实验的评估。

4. 名师带动战略。在新教育实验中，我们充分发挥齐鲁名师、特级教师、学科带头人、教学能手等骨干教师的作用。一是积极组织校长和名师参加全国新教育研讨观摩活动。让他们在优先学习，优先行动当中，体验成长的荣耀和成功。二是充分发挥名师的引领作用。让全体教师在榜样的感召下，点燃生命的自觉和成长的自觉，在新教育实验中享受教育的幸福。

5. "三新"整合战略。"三新"，即新教育实验、新基础教育实验

（新教育实验之前区域推进的实验）、新课程改革实验。立足"三新"实现资源的整合，形成素质教育的强大合力。

6. 本土化战略。我们身处齐国故地，背负着"齐文化"这块热土。"齐文化"的兼容并包、开放创新，"稷下学宫"的学士论辩文化，给新教育实验以深刻的启示。开展齐文化教育，这是历史和时代赋予我们的光荣使命。一方面，我们开发了"稷下学士论辩文化与口才训练"的课题，让这一课题研究彰显齐文化的地域特点和智慧。另一方面，编制《齐文化图书目录》列入书香校园建设规划。进而，在新教育实验中，利用"齐文化"促进新教育实验的本土化。

新教育让临淄教育更靓丽

临淄区的教育在全省乃至全国都居于领先地位。新教育实验功不可没。总体上来看，新教育实验最大的贡献在于她真正开始让师生的生存状态悄悄地发生改变。教育的价值在于培养人生命的自信。生命的自信需要人生命自觉的唤醒。就这一点而言，凡是参加新教育实验的人，都会有生命自觉唤醒的惊喜。正如实验教师所言："找到新教育实验，就像游击队找到组织一样。"只要你进入新教育实验，想不成长都很难。对于生命而言，找到自信就是找到快乐，找到快乐也即找到了幸福。"过一种幸福完整的教育生活"，在临淄的实验学校已经逐步变为现实。

构建理想课堂

其经验在全省引起较大反响。2009 年 4 月 26 日，全省教学课题研究工作会议在济南召开。临淄区理想课堂建设经验成为会议一大亮点。会议在主题报告中突出推介了临淄区推进理想课堂建设的经验。省教研室、省教科所先后 5 次派专家到临淄进行理想课堂调研。2009 年 3 月 6 日淄博市教研室发文在全市推广临淄区高阳中学理想课堂建设经验。高阳中学"没有一个不学习的学生"的理念及其扎实的理想课堂实践让人折服。

全市两次课堂教学改革研讨会都安排在临淄召开。近两年来，省内外到临淄参观学习的教师达三万多人。

实践成效的显著，得益于理论研究的深入。临淄区已经初步形成了以"表达"为课堂本位的理想课堂文化架构，形成了"课堂因表达而精彩"的课堂理念，发表了《课堂教学规律论》《现代课堂模式解构与重建》等理论成果，构建了体现"以学定教"思想的"目标认定—自主预习—展示交流—点拨升华—作业反馈""新五环节"理想课堂教学模式。全区涌现出一批理想课堂典型学校，诸如淄博工业学校的中职学校构筑理想课堂的探索和研究、临淄八中的"单元组"理想课堂教学模式、朱台中学的"非常1＋1"理想课堂模式、康平小学的"活版三段"理想课堂、雪宫小学的"绿色课堂"、朱台镇中心小学的"自主合作"理想课堂、虎山小学的"愤悱"理想课堂等。这些各具特色的理想课堂模式，都为全区理想课堂建设增添生机和活力。

教师专业发展

"研究即发展"是我们关于教师专业发展的最根本的认识。自古发展一条路，研究才是必由之路。新教育实验的价值在于，教师发展不仅仅看参加了多少研训活动，更重要的是把研究教育生活当成习惯。新教育让广大实验教师把教育生活当成研究资源，在研究中寻求升华，在升华中成就创新，在创新中体验成功，在成功中享受幸福。教育从来没有像今天这样值得"玩味"。把玩出教育的味道，也就体验到成长的味道。教师发展进一步增强了"专业"意识，"自发"的"盲目"在新教育实验"专业阅读—专业研究—专业写作"的引领和规范下得到有效的纠正，发展效率进一步提高。结合全区教师发展实际，大力开展教师学科知识建构系列活动，要求教师要构建跨年级、跨学段的学科知识体系，促成学科知识从点到线，从线到面，从面到体的系统化。涌现出一批教师专业发展典型学校，譬如皇城一中的教师成长共同体、闻韶小学的教师自主发展评价、大武中学的教师学科知识建构等等。一批名师脱颖而出，例如，全国十大读书人物常丽华就是新教育实验的典型代表。在三年多的教学评优活动中，临淄区一直在全省、全市凸显教师专业发展优势。

营造书香校园

读书最重要的是形成习惯。最忌讳的是一曝十寒。在临淄区"每日10页书，周诵一诗文，每月一报刊，每季一名著"已经形成制度化习惯定格。实验学校班班都有图书角，校校都开放阅览室阅读。尤其是从2008年山东省规范中小学办学行为以来，学生阅读有了更多的时间和空间。随着节假日的规范，各校还开展了周末读书互助组等活动。进入2009年以来，我们又启动了"百种报刊进校园"工程、通俗英文阅读工程。阅读资源的进一步丰富和完善，保障了阅读活动的有效进行。一年一度的读书节异彩纷呈，展示着师生阅读的精彩。2007年全区第二届读书节，金山小学三年级毕哲源同学，现场背诵经典诗文九百余首，现场观众叹为观止。临淄一中教师韩秀琴现场背诵唐宋诗词六百余首，评委老师折服称赞。临淄区特教中心的智障学生贾春勇现场背诵经典诗词三百余首，单是他那灿烂的笑容就足以让人感动。我们不能不概叹：读书是最基础的精神供养，读书是最朴素的智慧体操。一批具有临淄特色的书香成果涌现出来：金茵小学开展"童心悦读"，塑造"晨诵、午读、暮醒"的儿童生活方式，已经成为新教育实验的窗口学校；金茵小学常丽华老师以农历节令为序，开发的儿童课程《在农历的天空下》，演绎了新教育的精彩，并且在全国产生广泛影响；临淄一中的"百种报刊"立体阅读、"千本《读者》进校园"项目，开创了精粹时文阅读的新路子；实验小学的"千人诵读《齐文化成语千句文》"活动，以其强大的学生阵容，独特的文化特色，别具一格的诵读形式，获得全市经典诵读一等奖，并被列入第十一届全国运动会开闭幕式候选素材；边河乡中心小学的"山"诗诵读，也深深地透出"山"情、"山"味，得到山娃子的喜爱。

师生共写随笔

　　新教育实验的实践，让我们越来越明白了一个教师发展的简单道理：没有写的实验、没有写的成长、没有写的研究一定是浮躁的、肤浅的。从理论研究的角度，我们发现了关于随笔写作的两大定律。其一，随笔育德律。随笔就是道德的长跑，就是精神的自我关照。随笔的道德唤醒功能、使命觉醒功能得到大量的事实证明。我们曾经有个叫王娟的中年女教师，她坚持每天写一句话，半年之后，教学不再有"苦"、"累"的感觉。其二，随笔启智律。仅仅认为随笔是一种积累，是对随笔价值的低估，其实，随笔更重要的价值在于启发智慧。"朱永新保险公司"已经给出过明确的结论。不用非得追求正式发表，在教育界大凡有 100 万字积累，而依然没有成功的能有几人？教育智慧不能离开文字的演绎。在实践层面，两千多个教师博客，见证着实验教师的思想与成长。一个教师只要进入随笔写作的境界，他一定会逐步找到成长的感觉。随笔会让我们看到教育变革的希望。学生日记写作是作为教学常规来要求的。几个日记教育的典型做出了可贵的探索：临淄区实验中学，利用少年文学院开展系列日记采风活动，造就了一批少年作家，已经出版学生著作 15 部；遄台中学的朱大可老师，尝试进行"疯狂日记"实验，鼓励学生写生活，写人生，仅一年，学生出版 4 本日记作品；皇城二中的日记文化研究，把日记升华为一种思想，一种行为模式，一种习惯，来进行研究与实验，成为学校文化的一大亮点。

新教育——忧思漫漫路且长

关于新教育实验终极价值的思考

新教育实验的研究假设可以从文化和目标两个方面加以阐释。新教育实验的文化追求是"过一种幸福完整的教育生活";目标追求是"改变师生的生存状态"。临淄区"一心、一本、两路径"的实验思路,突出抓"纲",避免了平均用力、眉毛胡子一把抓的现象,这样便于突出重点,形成合力,突破难点。教育应该是一种"幸福的生活"。学生的幸福主要是通过"理想课堂"来实现的。"理想课堂"的构建,一是需要模式的变革,二是需要教师生命状态的改变。由于这两点以教师生命状态的改变为基础,所以,唤醒教师的职业热情、职业良心、职业自信是新教育一切目标的前提。依笔者看来,改变教师生命状态的法宝是持续地反思写作。找准了这一点,便是牵到了新教育实验的"牛鼻子"。也许有人会问:"难道专业阅读就不重要了吗?"实验中我们发现,善读的未必善写,但是,善写的一定善读。强调写其实包含了强调读。就"理想课堂"而言,我们明确反对"反模式"派的观点。我们认为模式是一种客观存在,是一种课堂的结构和流程。没有模式的课堂,其实是不存在的。"反模式"派,其实多为陈旧模式的卫道士。我们具体的追求是:以学定教,表达本位，当堂达标。我们反对教与学的二元对立，追求教与学的整合统一。"学"要有"教"参与，"教"要有"学"的需要与呼应。我们之所以痴迷于课堂的"表达本位"，缘于我们进一步明确了课堂的本质无非是"内化"与"外化"统一的过程，而在这一过程中，"外化"的充分最具生命性和制约性。"外化"即"表达"。人是表达的动物。人生命的快乐与幸福感多是通过表达来实现的。人的表达是通过语言来进行的。语言当然包括多种形式，诸如口头的、书面的、肢体的、造型的、符号的等等。我们追求课堂上让学生"能说会道"。即主张"能"了就让学生"说"，"会"了就让学生"道"。让课堂停留在学生"能"和"会"上，是对学生"能"和"会"的亵渎。不给学生提供"能"和"会"的机会，是不人道的教师霸道。我们还对"表达"产生快乐和幸福的生命机理做过中医经络理论的论证。譬如，人为什么在口头表达的时候会感到快乐？人在口头表达的时候，需要调动肺经参与，肺经主气魄，气魄生当自信成，自信成当快乐生。再者，口头表达的时候，人的肺活量相应增加，肺活量增加的意义在于血液中的氧气含量增加，血液中的氧气含量增加，大脑的供养就会充分，大脑供氧量充足就会感到灵动和愉悦。再如，肢体参与表达会抻拉相关经络，经络通则快乐生。

关于"完整"，依然让我们担忧。出于安全考虑，为避免"万一"出现的危险，"田野教育"几乎已经完全被割舍。

关于研究项目的思考

构建"理想课堂"，的确是一件"老大难"的事。俗话说："'老大难'，'老大难'，'老大'一出不再难。"这话太有才了。从临淄的实际情况看，一个学校如果不能诞生一个校长教学专家，这个学校的"理想课堂"是断然没有希望的。再者，构建"理想课堂"的切入点是形式而非内容。这些年来，人们已经习惯了"内容主义"，总是喜欢"抱定内容不放松，老觉形式太稀松"。其实，形式从来就没有独立存在过，正如哲人所言，"形式是已经完成了的内容"。诸如，课桌摆放形式的变化，小组学习模式的强化，这些变化都可以促进"理想课堂"的形成。当然，我们坚决反对"形式主义"，反对课堂的"假活跃"，必须彻底摒弃不管学生是否有需要教师先从头到尾讲一遍的教学陋习。

教师专业发展

瓶颈在机制，关键是觉悟，重点在方法，难点在持续。比较民办学校和国办学校，其用人制度的差异，带来教师专业发展的差异。懒惰是人性的劣根。只要读书学习、教学改革、研究创新不能产生生存联系，就总有一些人喜欢得过且过。觉悟是对教师的应然要求，但是，我们又很难保证让所有的教师都觉悟。感恩是觉悟的动力源泉，作为一个教师要学会感恩于职业，感恩于社会，感恩于学生。如果没有感恩之心，就会觉得一切享受都是理所当然，一切成长都是一种负担。我们必须清楚地看到，让教师学会感恩，远比让学生学会感恩要难。关于教师专业发展的方法，应该说实验中有不少创新，诸如"三专"路线图、"专业成长共同体"、"随笔反思"等等，问题是方法的持续太难了。成年人的习惯化品质的养成非常之难。既然是容易反复，就必须反复抓；既然难以持续，就必须持续抓。

营造书香校园

实验让我们深刻地体会到：让人读书是一件困难的事情。越是基础的就越是艰难的。读书往往是抓一阵容易，抓日常太难；抓活动容易，抓常规太难。虽然抓活动会带来活力，但是，没有天天的坚持，读书不会成为习惯。实验学校采取动态的日常星级擂台评价，应该说的确是一种好方法。

师生共写随笔

老是有些人认为加重负担、无用。当然，这些都是不写随笔人的怨言。硬性要求每周一篇，总会有些人网络下载，应付公事。看来我们既要鼓励成长，也要包容不成长的现实。

第四章
生命因学习而精彩

　　在我看来，人的生命有两种存在方式：其一，常能态生存；其二，潜能态生存。所谓"常能态生存"是指凭借既有的智能基础的一种生存状态；所谓"潜能态生存"，是指在既有智能基础之上，不断开发生命潜在能量的一种生存状态。这两种生存状态对学习的渴望度是有着明显区别的。"常能态生存"，其工作性质多为重复性劳动，不学习依然可以生存。这就是我们好多老师终年不读书学习照样能够工作的原因。"潜能态生存"，其工作性质多为创造性劳动，不学习便无法生存。生命因学习而精彩，这是大家公认的信条，但是，投入学，坚持学，可就得下苦功了。

关于教师读书的几个问题

——兼答朱寅年老师

关于读书时间

现在的实际情况是，各地的学校差不多一个样。尽管搞了这么多年的素质教育，但是，教学环境（主要指软环境）基本上没有得到根本改变，分数的压力基本上没有减轻，教师基本上没有自由支配的时间，读书学习基本上没有成为教师素质提升的自觉行动。这就是我的"四个基本估计"。教师有时候加班加点，多不是读书，而是搞教学突击，为分数而疲于奔命。有些学校自习都安排课，老师都要靠班。纵然是假期，教师要么参加进修学习，要么参加集体培训。一天下来，筋疲力尽，再读书，难！当然，就是在这样的情况下，仍不乏捧书阅读者，或进修，或解乏，或自娱。我们应该客观地承认，见缝插针总能有些时间读书，但是，"54号文件"、对弈、电脑游戏、聊天等活动的诱惑力却能使人乐此不疲。读书意识是个大问题。

关于读书内容

只要你到学校就会发现，教师案头摆的书，多以教学参考资料、进修教材居多，再者就是上面规定阅读的教育理论读本。这几年不少地方都在搞"每年一本书"活动，甚至还要用考试来督促，但是，实事求是地评价，这样的书读得都比较糟糕。

必须明确一个道理，教师需要教育理论，但是，只读教育理论是不够的！

教师自己想读的书，一般都要放在宿舍或者家中。这样的书如果摆上办公桌案，在不少学校会落个不务正业之嫌。假如你正在读"闲书"被领导看见，保准你会体验到做小偷的感觉。

关于读书方式

现在教师的读书方式发展为两个极端：一是仍然死抱传统的书面阅读形式，以年龄偏大的教师居多。这些人一般缺乏计算机操作能力，对网络阅读缺乏体验。他们甚至热衷于收集网络阅读的弊端，极力维护书面阅读的"法定"位置。二是一群网络族，到网上一冲浪，就把书面阅读丢在"浪"里了。好多人网络阅读都缺乏必要的定位，尤其缺乏对"书"的定位。经常上网，但不一定经常读书。当然，上网不一定非要读书，但是，作为一个教师必须有网上读书的意识，注意知识的系统学习。我的操作是，自觉注意书面阅读和网络阅读的结合。书面阅读和网络阅读交叉进行，不管是对健康的调节，还是心情的调解都有好处。譬如，春节前后我读的纸书有《重读尼采》《重读弗洛伊德》《世界教育名著通览》等，网络阅读的站点及书目有新浪读书专栏刘墉的系列图书《创造超越的人生》《成长是一种美丽的疼痛》，［美］埃文斯著、郑春蕾等译的《不要控制我》，等。人民网《读书》，新华网《读书》，也经常浏览。超星数字图书馆，3 年来每年一张读书卡，50 万图书任意选读，且具有 ocr 文字识别功能，尤其是自动读书笔记存储功能给我带来了便捷轻松的体验。

关于读书的建议

1. 要明确读书学习的意义，增加读书学习的紧迫感。现在教育的竞争日趋激烈，学历差距逐步缩小，将来教师之间的竞争，主要取决于谁学习的速度快。现代版的游戏规则是"快鱼吃慢鱼"。学习速度跟不上时代的步伐，必然被淘汰。学习是生存的需要，生命因读书而精彩！

2. 既要"厚古"又要"博今"，尤其以"博今"为主。首先，我要郑重地声明，我不是历史虚无主义者。现在的情况是，言必称圣贤，文必称经典，厚古薄今已成风尚。语文教师少有人读当下的文学作品，数学教师少有人了解当代数学的发展，理化教师少有人了解时代科普。教师的脚如果站在历史的轨迹上，教学便不会有时代的气息。历史永远不会被割断，前人的经验我们当然要"拿来"，但是，用昨天的思想领导今天的革命往往难以奏效。读时代是我们的使命！

3. 文科教师要"理化"，理科教师要"文化"。这里的"理"和"文"都具有动词的性质。当今时代知识的综合化是大趋势。长期以来，教师普遍形成了学科壁垒，阅读面也囿于学科的狭小范围之内，文理分野会形成人格的畸形发展。我作为一个语文教师，近年来就特别重视学习数理知识，特别注意学习科普知识。这样一来，在我的文章和报告中增加了许多"理"的色彩。个人知识的横向超越会提升人的思维品质。

4. 有条件的教师要开发外语原著阅读。外语原著阅读是关涉制约外语教师素质提高的重要因素。不少外语教师不读外语原著,这不能不说是一种悲哀。别只会读课文,读点原汁原味的外语原著给学生听听,那种感觉才叫"爽"!

生命因学习而精彩

学习型组织有一个经典的公式：L＜C＝D，意思就是学习的速度如果小于环境变化的速度，就等于死亡。大家知道，学习型组织最早兴起于企业。企业与企业的较量，在很大程度上取决于组织学习的速度。学习速度的落后，必然遭遇企业的淘汰。正是基于这样的认识，学习型组织的建设才得以风靡世界。关于学习型组织的理论我不想在这里唠叨。我只是想结合自己的实际情况谈一谈对这个公式的认识。

学习是生命的伴侣。学习是生命的需要。在我看来，人的生命有两种存在方式：其一，常能态生存；其二，潜能态生存。所谓"常能态生存"是指凭借既有的智能基础的一种生存状态；所谓"潜能态生存"，是指在既有智能基础之上，不断开发生命潜在能量的一种生存状态。这两种生存状态对学习的渴望度是有着明显区别的。"常能态生存"，其工作性质多为重复性劳动，不学习依然可以生存。这就是我们好多老师终年不读书学习照样能够工作的原因。"潜能态生存"，其工作性质多为创造性劳动，不学习便无法生存。我又想到了自己，不管是做教师，还是当校长，不管是当教研员，还是管科研，尤其是近四年来，先后接受全国26个省市（自治区）区县教育局或学校的邀请做课改诊断调研、做报告，你总不能干啥都是"三斧头"，说啥都是"老一套"。俗话说，"行见行，无处藏"。不用说什么大话，要对事业负责，只要你不想在同行面前丢脸,你就得有的说。"有的说"不会从天上掉下来,只能从平时的学习中来。我始终坚持每日看书不少于两小时,所以不管是到学校做报告还是搞调研,都能受到学校和老师的欢迎。学习是生存的需要,对我来说非常现实。我的这些体验也许比许多无聊的大话更能使人接受。不断地挑战自我,才能不断地超越自我。

人的生命都应该有许多的精彩,如果缺少精彩,那就是缺乏对生命潜能的开发。生命的精彩多深藏于潜能之中。不学习,人的生命当然不会死亡,但是,人的潜在的智慧和能量却会因未被开发而窒息。

如果谁想扩张生命的价值,那就请换一种生存方式,由"常能态生存"转变为"潜能态生存",生命会因学习而精彩!

别为语文而读书

假如你是一个读书人，请问你读书的目的是什么？难道你能回答为语文？语文是个学科化了的词语，为语文而读书是很狭隘的。

从"大阅读"活动的实施来看，现在总有一些人认为"大阅读"是语文一个学科的事情，甚至有不少非语文学科的老师公开反对学生开展大阅读活动，他们认为开展大阅读活动客观上挤占了学科学习的时间，是对语文学科的强化，同时，也是对非语文学科的削弱。这种认识不仅是短视的，而且是危险的。它恰恰暴露了有些教师学科教学的致命弱点。学科教学死守课本即可，课外阅读好像就是不务正业。君可见，有几个非语文学科的老师推荐学生阅读与教材相关的课外读物？难怪现在科普阅读不被重视，外文阅读少人问津。是耶？非耶！课外阅读之缺失，势必导致学生素质之可怜。

再者，有些语文教师之所以对"大阅读"感兴趣，不少是出于"学科本位"的私利，对文学情有独钟，而对科普等很少重视。坚持读书为语文服务，将阅读作为语文，甚至作文的附庸。文化是人类心灵的感动，读书是生命相依的伴侣，为人生而读书才是我们的追求。如果"大阅读"跳不出语文学科的"圈子"，必将扼杀掉它应有的价值。

"大阅读"是个系统工程，它需要全体教师多学科的合作。作为一个教师我们必须为学生计长远，切不可为了一己之利而相互掣肘。让学生多读点书吧，你的功德会随着学生未来智慧的闪光而大放光彩。

读书为啥这样难

最近，我们在学习型学校创建评价标准中企图推出教师"周月季大阅读计划"，主要内容是，要求教师每周写一篇读书笔记或者教育随笔；每月阅读一份（全月）报纸或刊物；每季度阅读一本教学理论或者专业著作。这个计划的通过受到了极大的阻力。主要原因是不少人认为，教师教书是正业，虽然进入学习型社会，不得不强调读书，但是总觉得教师读书似乎是旁门邪道。提高教学质量难道要靠读书？尽管人们也知道不读书的教师教学质量越来越靠不住，但是，读书毕竟与急功近利的分数隔着一段距离。人们总担心让教师读那么多书一定会影响教学质量。

回到办公室跟同事讨论这些事情，我几乎遭到了围攻。"你到学校瞧瞧，老师有读书的时间吗？"对书感兴趣的能有几何？人们宁可摔"扑克"通宵达旦，宁可享受电视动态的刺激，宁可闲聊打发时光……再说，为什么一定要让教师读书呢？谁都知道读书是一件清苦的事。以书为趣，以书为乐的高雅之士，毕竟属于凤毛麟角。社会主义的优越性是使不愿努力进取的人照样能潇洒地生存。人，只要没有生存的危机感，进取心就可以收入囊中。

我又在考虑，强迫读书的效果一定不会好到哪里去。如果读书不能成为一种生存的需要，那么任何读书的倡导都会显得苍白无力。让教师爱书太难，让教师读书难之又难。如果没有一种体制，没有一种机制，书香校园只能停留在理想的层面。难道我们对书的感情竟然不如古人？我多么羡慕颜真卿描绘的读书境界："三更灯火五更鸡，正是男儿读书时。黑发不知勤学早，白首方悔读书迟。"

以不读书为耻

看我们周边的人，领导读书者有几？教师读书者有几？学生读书者有几？教育界的"文化人"尚且如此，别的行业还说什么。对呀，读书人有什么理由要求不读书的人非得读书呢？难道不读书就耻辱吗？问题就出在这里，国人没有谁以不读书为耻辱的。正如陶行知所说："中国人几千年历史传下来的观念，都最看重读书，看重读书人，但还未以不读书，不读书的人为可耻。须知看重读书与以不读书为可耻是两件事。现在急需造成一种舆论，以不读书为可耻。"（《陶行知论普及教育》）如果说读书是向文明的跋涉，那么，不读书只能是对愚昧的维护。苏霍姆林斯基曾经十分深刻地指出，一个不读书的社会就是一个牢狱，一个不读书的人就如生活在这种牢狱之中。一个人不想求知，他就好比用一道无形的铁栅栏把自己跟广阔的天地隔离开来，然而谁知后来这道无形的铁栅栏也许会变成真正的牢狱呢！（《给教师的100条建议》）"我们在思考，怎样才能找到人与自然界，人与知识相互作用的那个领域，以便在这个领域里用知识来鼓舞起他的精神。这里最主要的是，要使一个人终于有一天发现自己是知识的主宰者，使他体验到一种驾驭真理和规律的心情。用知识来鼓舞起人的精神——这就是说，要使思想跟人的自尊感融合起来。通向这样精神状态的途径，就是知识要有现实性和积极性。我们认为，要唤醒那种无动于衷的学生，把他从智力的惰性状态中挽救出来，就是要使这个学生在某一件事情上把自己的知识显示出来，在智力活动中表现出自己和自己的人格。"（《给教师的 100 条建议》）

据说在每一个犹太人的家庭里，孩子出生后不久，母亲就会读《圣经》给他听。而每读一段后，就让孩子去舔一下蜂蜜。当小孩稍微大一点时，母亲就会取出《圣经》，滴一点蜂蜜在上面，然后叫小孩去舔《圣经》上的蜂蜜。这些举动的用意是不言而喻的：要让孩子知道书甜如蜜。更有意思的是，犹太人死了也读书。相传古时候，犹太人的墓园里常常放有书本。在夜深人静时，死者会出来读书。这当然有些奇幻，但它却表明了犹太人嗜书如命、死而不已的求知态度。

不读书，难道没有饥饿的感觉？不枕书，难道能有甜美的梦境？不求知、不学习，难道没有衣不蔽体的裸慌？身无分文，未必惭愧；胸无点墨，当为耻辱。假如人们都以不读书为耻辱，方能知耻而后读。

我的大阅读观

所谓"大阅读",是指以现代教育理念为指导,以开发人的生命潜能为目的,内容丰富,形式多样,相伴终生的开放式阅读活动。"大阅读"之"大"含义有四:

一曰理念之"大"。"大阅读"不主张为语文而阅读,尽管读书对提高学生的语文素养的确很有益处,但是,阅读的意义本应大于语文。更不主张为作文而阅读,尽管阅读对提高学生的作文水平的确有着更为直接的作用,但是,阅读如果仅仅成为作文的附庸,的确是一件可怜的事情。我们的口号是,为人生而读书!

二曰内容之"大"。"大阅读"不主张只读文学,尽管文学是"大阅读"的重要内容,但是,如果只读文学便不会再有文学。"大阅读"的内容应是广泛的:古诗文要读,名著经典要读,时文要读,科普要读,外文也要读。

三曰形式之"大"。"大阅读"不仅重视书面阅读,并且要与时俱进,开发利用音像阅读、网络阅读。

四曰时间之"大"。从小就要培养学生的终身阅读意识,让阅读成为人生可持续发展的智慧源泉。

"大阅读"内容与形式创新

古诗文阅读

　　古典诗文是我国民族文化的精髓，也是世界文化艺术宝库中的一颗灿烂的明珠。古典诗文作为宝贵的精神食粮，其间不仅蕴含着崇高的人格美和深刻的智性美，更沉积着一个伟大民族不灭的精魂。它是民族精神的教科书，哺育了一代又一代的中华儿女，给每一位炎黄子孙都深深地烙上了龙的传人的印迹。21世纪呼唤创新型人才，但创新离不开传统文化的支撑。

名著阅读

　　文学大师巴金说过这样一段话："我们有一个丰富的文学宝库，那就是多少代作家留下的杰作，它们教育我们，鼓励我们，要我们变得更好，更纯洁，更善良，对别人更有用。文学的目的就是要人变得更好。"名著是伟大作家的伟大作品，展现的是伟大的精神境界；能帮助人们抵抗丑恶,远离虚无,改造贫乏。人类最美好的创造都汇集于其中。人类精神文明的成果,就是通过各类学科(不只是文学,还有其他人文科学、社会科学、自然科学)的"名著(经典)"的阅读而代代相传。在这个意义上,受教育的基本途径就是"读名著(经典)"。

时文阅读

大阅读要坚持与时俱进的原则。在提倡学生经典阅读的同时,必须安排一定量的时文阅读。所谓时文是指富于时代气息、体现时代特点的文章。阅读中的厚古薄今,重经典,轻时文,已经成为一种时弊。尽管经典是历史精华的积淀,在大阅读中应给予足够的重视,但是,必须明白,我们学生的脚毕竟踏在时代的土地上,如果不能够把握现在,就不能够拥有未来。

科普阅读

人文素养和科学素养从来就是一对孪生姐妹。在高科技突飞猛进的今天,把握时代的科技进展,关注科普阅读是学生科学意识和科学精神培养的必然要求。

外文阅读

新世纪中国与世界的发展面对两大趋势——以网络为代表的信息技术的突飞猛进与经济全球化的激烈挑战。无论是无远弗届的因特网,还是日益密切的政治、经济、文化等方面的国际合作,都标示着 21 世纪的中国将是一个更加开放的中国,也面临着一个更加开放的世界。英语作为一种国际通用语言越来越显示出国际通行证的价值。新课程改革方案规定，从小学三年级开设外语。多年来的外语教学实践证明，指导学生阅读与学习水平相适应的英文原著，这样不仅可以避免因译者的疏忽或水平所限而造成的纰漏，同时也可以尽享原作者思想的真实表达。因此，我们认为，学校要配备一定数量的英文卡通、通俗故事等，要培养学生的原著阅读意识，循序渐进地培养学生的原著阅读能力，让学生体验到直接阅读的妙处。

"大阅读"实施路径与方法

实验的途径

强化课内和课外两种途径。规定全区从小学到初中,早晨第一节课前15分钟为晨读时间。一三五为古诗文诵读;二四六为音像阅读或英语阅读。间周每班安排两节连堂大阅读课。编制《临淄区中小学"大阅读"推荐篇目》,各校都要根据区推荐阅读篇目,并结合各校实际制定分年级"大阅读"篇目。提倡学生自选课外阅读篇目进行课外自主阅读。

实验的措施

为确保实验的有序进行,坚持三条原则,落实五项措施,搞好六个结合,抓好七个保障。

一、三条原则

(1)既重形式又重过程

要面向全体学生,坚持全程参与,反对形式主义,突出抓好过程管理。立足于在大阅读过程中提高素质,发展能力。

(2)既求数量更求质量

质量第一，数量第二。要正确处理阅读与理解的关系，不能只单纯追求阅读数量，更不能把大阅读变为学生新的负担。

（3）既重速度更重效率

要扎实进行速读训练，提高阅读速度，讲速度，重效率。

二、五项措施

（1）学生个人要制订阅读计划，并认真加以落实。

（2）班级要建立"大阅读"个人档案。每生一张档案卡，用于记录学生每学期的阅读内容和成效。

（3）教师要率先垂范，带头背诵和阅读，提倡教师建立读书笔记。

（4）学校要进行专项检查，对各班级的大阅读活动情况予以督促、评估，并列入年终考核。

（5）教研员要定期、不定期地深入基层学校进行业务指导，发现典型，及时推广，发现问题，及时纠正。

三、六个结合

要有效地开展课外阅读，教师在课外阅读的指导上，必须遵循六结合原则：

（1）大阅读与课内教学相结合

在阅读教学中，教师要结合教材的特点，以落实重点训练项目的课文为"经"，使学生掌握阅读方法，以优秀课外读物为"纬"，引导学生运用读书方法从而构建"经纬"交错的阅读教学网络，促进知识的迁移，使课内外相互补充，相得益彰。

（2）大阅读与写作、听说相结合

教师可以经常要求学生阅读课外书籍后，用日记、读后感的形式对文章的内容发表自己的见解、想法，并在课外阅读活动课上进行交流。读写听说紧密结合，学生的语文能力能很快得到提高。

（3）大阅读与学校活动相结合

为发挥课外阅读活动的综合效应，可以结合学校活动，如"诗歌朗诵会"、"校园童话节"、"读书演讲比赛"、"科技布谷节"、"我画心中的名著"、"读书沙龙"、"故事表演"等，为学生创设表现自我的舞台，让学生在活动中体会读书的成功喜悦，从而进一步激发学生的读书热情。区教委将把每年的 5 月定为读书活动月，开展全区范围的读书系列活动。

（4）大阅读与德育相结合

对于审美观、道德观、人生观都正处在形成时期的少年儿童，阅读的作用尤其重要。因为优秀的文学作品总是借助于各种方式，表达了人类社会的一些共同的基本准则，如正直、勇敢、忠诚、互助等，也表达了人类最美好的感情，如母爱、爱情、友情、手足之情等，以及对美和理想的永恒的追求。它能够潜移默化地影响少年人的心灵，帮助他们抵御世俗的种种侵染，从而建立起自己的审美观、道德观和人生观。一个人的精神的启蒙往往是由阅读开始的。这种启蒙犹如一束来自形而上的世界的光，照亮人的灵魂。而只有当他有了这种体验之后，他才会在自己的生活中去寻找和追求这些东西。这便是钱理群先生所说的"打下精神的底子"，亦是阅读之于人的最深层的意义所在。

（5）大阅读与研究性学习相结合

研究性学习是学生根据学习生活和社会生活实际确立研究课题自主进行探索研究的一种学习活动。学生在研究性学习中进行专题研究，必然要广泛查阅大量书籍资料，这样便会进一步增强阅读的目的性、主动性和积极性，而且直接沟通知识与实践的联系。

（6）大阅读与齐文化教育相结合

我们背负着源远流长的齐文化这片沃土，为齐文化的博大精深而骄傲和自豪。坚持"大阅读"的本土化特色，开展齐文化教育，这是历史和时代赋予我们的光荣使命。我们将把地方教材《齐国成语故事》《光辉灿烂的齐文化》列入《临淄区中小学"大阅读"推荐篇目》。各校在"大阅读"活动中要积极开发齐文化阅读资源，让齐文化阅读成为"大阅读"活动的一道亮丽风景。

四、七个保障

（1）时间保障

晨读时间和大阅读课时要切实抓好落实。

（2）辅导保障

各班级的班主任、语文教师和英语教师为法定的大阅读辅导教师，负责对学生的阅读内容和方法进行指导。区教研室科研科有关人员和相关教研员要认真进行"大阅读"理论和实践研究，到各中小学开展"大阅读"辅导讲座。

（3）内容保障

认真落实"周月季计划"，即每周背诵一首（篇）古诗文；每月读一期期刊（或报纸）；每季度读一本课外书。

（4）任务保障

校长负责整个活动的宏观调控和行政指导，业务副校长负责活动的组织实施，科研室主任负责"大阅读"的技术指导，班主任和语文教师负责活动的具体操作。

（5）管理保障

对"大阅读"活动的规划、发动、宣传、操作、评估等各环节都要坚持高标准、严要求。在检查方面，要按学生自查、小组长检查、教师检查、学校普查、教研室抽查五个层次稳步进行。

（6）图书保障

一是学校都要切实加强图书室的管理，配足配齐适合教育教学需要的图书，尤其要注意图书的更新和工具书的配备。图书量要按照相关标准配齐，确保"大阅读"活动的需要。

二是学校要积极地支持、督促班级建设好图书角，图书可以来源于学生或是社会的捐赠。在教师的指导下，图书角图书由学生自主管理，教师要把握好图书的质量关。

三是要改革图书借阅办法，学生使用借书证自主借阅、开架借阅；图书管理员作息时间与其他教师错开，充分利用师生闲暇时间，以方便师生借阅。学校还可以充分挖掘社区图书资源，可以与新华书店、图书馆等单位联系，采取各种方式合作，既互惠互利又不增加学生及家长的经济负担，保证学校有充足的图书供师生阅读。

（7）评价保障

①对学生的"大阅读"成绩评价，采用学分制。按照"周月季计划"划分学分，具体规定为：每周背诵一首古诗1分；每月读一份刊物（或全月报纸）4分；每季度阅读一部作品10分。每生每学年需修完60学分。

②对教师的评价。学校要把各班级开展"大阅读"活动及竞赛成绩列入班主任、语文教师和英语教师考核，并规定"大阅读"专项考核成绩为优秀班级评选的重要条件。

③对学校的评价。区教委把这一活动的开展情况作为年终考核学校的一个重要内容。

一日之晨在于读

这些年来，晨读已经成了我的习惯。

最近，我一直对管理学的东西比较感兴趣。上星期读了《老板欣赏这种人》和《鸭子教人学管理》两本书。前者，作者从老板应该如何做、员工应该如何做以及如何处理二者的关系的角度，提出了自己的看法，并总结了风靡全球的 101 条游戏规则。书中充满符合时代发展潮流的人本主义精神，生动鲜活的寓言和小故事以及精彩漫画，为我们展示了一个个"人在职场"的行为规范，处处体现着人性化的观点。后者，作者以清朝进士袁枚与其饲养的鸭子之间的对话展开，用好看的故事揭露了管理者在企业内部应该充当什么角色，应该如何处理与下属的关系，应该如何管理自己的员工，员工应该如何忠诚于自己的企业，应该如何提出有创造性的不同观点，应如何自动自发地完成任务，应该如何服从企业的管理等等重要问题，是一部不可多得的故事性、实用性俱佳的管理学著作。从昨天晚上开始读《成功企业家的 21 条黄金法则》，企业家海内克的"21 条黄金法则"不仅对自行经营者颇有价值，而且对当今教育界的任何人也都很有益处。我一直为书中的体验性经验所感动着。凌晨 3 点，不知是"黄金法则"的引诱，还是失眠症的光顾，我一骨碌爬起来，打开电脑，进入超星数字图书馆，再与"黄金法则"相约。不觉窗外已经透亮。时至 6 点，200 页的一本书总算读完。这才如释重负地伸了一个懒腰。一种爽的感觉传遍全身。

王婆今天又卖瓜

10月7日，召开全街道幼儿园园长月度工作调度会。会前，我学了一次"王婆卖瓜"——把自己9月份在一些报刊发表的教育随笔放在桌上让大家阅览。譬如：《教师博览》的《感受叶澜》，《福建教育》的《难忘那袋蚂蚱》，《淄博日报》的《校长论坛》系列，《现代教育导报》的《评教说学》组稿，以及新近撰写的随笔网络发表稿打印件。老师们看得都挺起劲，不时地颔首微笑。

我是把随笔写作当作改变教师行走方式、改变教师命运的大事来对待的。我知道成长需要榜样。我让你写，首先我就要写；让你读，首先我就要读。所以，我要学习"王婆卖瓜"的勇气，"自卖自夸"不一定是骄傲的喧嚣，关键是你得"有的卖"、"有的夸"，另外，还要看你"怎样卖"、"怎样夸"。

自己不读书，别建议他人读书，因为你没有建议的资格。

自己不写作，别建议他人写随笔，因为你没有建议的权利。

我的2004年涉猎的书目附后。

《跳出思维的陷阱：日常生活中逻辑的威力》

《本领恐慌Ⅱ：成功真本领（升级版）》

《管人的真理》

《定位人生：寻找人生的坐标》

《成功很简单》

《中外教育名言集萃》

《发掘大脑的学习潜能》

《杰克·韦尔奇的 29 个领导秘诀》

《竞技战术与谋略》

《愚人妙语》

《中华佳句妙语博览》

《学习一定有高招》

《试论人才成长的几个规律》

《美国"蓝带学校"的品性教育：应对挑战的最佳实践》

《中国新一代思想家自白》

《以人为本：如何激励下属和员工》

《员工忠诚度的培养》

《交际技巧与超级记忆》

《一半是圣徒，一半是魔鬼——我们的生存法则?》

《著名艺术家激情放言》

《商界女性赢得权力的 12 种策略》

《51 招提升你的自信》

《教育资本》

《人性的弱点（全译本）》

《笔迹学》

《成功密码》

《小学生日记周记起步》

《悟经》

《工作并快乐着》

《中学生分类日记大全》

《探秘数学思维》

《有血有肉的语言》

《听大师讲哲学：活着究竟为什么》

《励志箴言录》

《文化的形上之思》

《双赢的管理艺术——人际风格与组织行为》

《国际教育新理念》

《未来的管理》

《看不见的和谐》

《经理 39 戒》

《内在时间意识现象学》

《黄金法则》

《人生哲思语编》

《学习策略论》

《脑与行为——21 世纪的科学前沿》

《行为科学奥秘探索》

《趣味心理学故事》

《世界宗教大观》

《见微知著：成功人士的 100 个小习惯》

《名人言》

《数学的故事》

嫁一座图书馆给校长

10月7日，农历八月二十四。今天是个好日子。清晨，婚嫁人家喜庆的锣鼓声、鞭炮声连成一片。我一进办公室，于老师送来了两个包裹。啊，我邮购的《中外经典视听图书馆》已经到货。在婚嫁喜庆的鞭炮声中接到这份礼物，心里更增添几分喜悦。对呀，这就是我准备嫁给两个中学校长、两个完全小学校长的终身伴侣。

我一直在想，一个学校的改变要从校长变起。那么，一个校长的改变又从什么变起呢？从文化。文化含量的提升，靠读书。暑假里的光盘阅读让我找到了阅读的一条快速通道——听。经过多方咨询，我终于找到了由中国国情网、中国教育发展网、国家文化网、国家中西部网等大型网站联合开发的大型数字图书馆——《中外经典视听图书馆》。该图书馆与众不同的特点在于，它加入了最为先进的语音朗读系统，实现了视觉阅读和听觉阅读的自由选择。

《中外经典视听图书馆》内容宏大、包罗万象，藏书约计12000册，共计40亿字的电子图书。共分为九大卷：中国文学卷、外国文学卷、历史文献卷、生活博览卷、社会科学卷、自然科学卷、法律法规卷、英文原著卷、传世名画卷等，并且每卷划分了若干个子卷，堪称百科全书，足以"满足您一生的读书计划"！

检索的快捷，资料的摘取，在鼠标轻点之间即可实现。想看就看，想听就听。"品味经典文化,感悟华彩人生。"方寸之间,给你海量的博大。

有了"读什么"的选择,更需要拥有"读进去"的兴趣和毅力。

第五章
卓越密码一字"写"

我一直在思考，为什么一定要写随笔，写随笔的价值究竟在哪里？在我看来，写随笔不仅仅是练笔，也不仅仅是"心灵的对话"，随笔还有启智的功能。这里似乎蕴含着一条定律——随笔（应该是写作）启智定律。我甚至想，一个人的智慧水平是靠外显的文字水平来评估的。如果要用数学的表达方式加以表达，即：人的外显文字数量一般都与人的智慧水平成正比。人们之所以对著作等身的人心生敬意，其实就是对人类智慧的顶礼膜拜。

一个人的影响力，往往是他的文字影响力。

你的文字能走多远，你这个人才有可能走多远。

见人就问写点啥

天下午，一个老师到教研室交材料，应酬几句话之后就问人家："最近写了点啥？"人家脸一红，不好意思地说："没写什么，这个学期就在《中国教育》杂志发表了一篇文章。"听说有东西发表，心里一阵高兴。之后又建议人家有空要多进入教育在线看看，平时要多写点随笔。见人就劝写点东西已经成了一个毛病。

在我心里有一种信念：要想提升生命的价值，就不能轻视写。写是自我与心灵的对话；写是大脑智慧的外化；写是人生从此岸向彼岸的泅渡；写是生活晶体的析出。写就要甘坐冷板凳，就要尝受绞尽脑汁的辛酸。写的快乐那只是写后的短暂体验，写的过程就是痛楚的分娩。写的重要不是人选择写的理由，而写的艰苦恰恰是人们远离它的罪魁。凡是不想吃苦的人千万不要选择写。这样你就可以逍遥一生，自在一世。但是，又偏偏有些人选择写，不仅自己作茧自缚，而且下决心拉人下水。罪也，善也？作为一个教师，一个识文断字的人，如果一生只是"识"别人写的"文"，"断"别人写的"字"，是不是也是一种悲哀？我们不禁要问："老师，除了属于学生的考试分数之外，能证明你曾经在这个世界上的痕迹是什么？"人到世界上走一遭，总应该留下点东西吧。且不管这点东西是流芳百世，还是遗臭万年。

回想我的教学生涯，写为我的人生增添了不少的光彩。想当年，我的确有过"过五关，斩六将"的辉煌。我的教学质量曾经连续六个学期没有考过第二，一律清一色的第一，当时的作文教学成绩在全市也属一流。学生作文参加全国中学生作文竞赛，要么获金奖，要么获一等奖，学生作文在省级以上报刊发表三十多篇。但是，假如仅仅凭借这些，没有与之相适应的所谓文字建树，没有外界的舆论认可，前面的所谓一流只能作为无奈时的自我安慰。不要一味追求什么"默默无闻"，这不是人生的崇高境界，"默默无闻"很有可能成为"默默无为"的借口。人活着就要呐喊，呐喊的形式可以多种多样，文章的恣肆就是一种生命的呐喊形式。如果说我的所谓学业有点长进的话，其中一个重要的原因是写。写能成就人生。

值得庆幸的是，我的见人就问写点啥，当真激起了不少朋友写的热情，每当我读着他们发表的文章的时候，比欣赏自己的文章高兴多了。

假如你写了，请坚持下去。假如你还没有进入写的状态，千万别再等待。请拿起你的笔，请记住我的劝告：卓越密码一字"写"。

我的随笔启智定律

新教育实验有一个重要的子课题：师生共写随笔。我一直在思考，为什么一定要写随笔，写随笔的价值究竟在哪里？在我看来，写随笔不仅仅是练笔，也不仅仅是"心灵的对话"，随笔还有启智的功能。这里似乎蕴含着一条定律——随笔（应该是写作）启智定律。我甚至想，一个人的智慧水平是靠外显的文字水平来评估的。如果要用数学的表达方式加以表达，即：人的外显文字数量一般都与人的智慧水平成正比。人们之所以对著作等身的人心生敬意，其实就是对人类智慧的顶礼膜拜。

那么，随笔（写作）启智的运作机制是什么呢？下面，我们不妨从马斯洛的需要层次理论当中寻找答案。随笔写作是生命的需要。需要的满足是智慧开发的动力源泉。

马斯洛的需要层次理论认为，人的需要分为五层：生理的需要；安全的需要；社交的需要；尊重的需要；自我实现的需要。在基本满足生理需要、安全需要的时候，后面各层次的需要就依次排上了日程。

第三层需要是社交需要，也叫归属与爱的需要。它是指个人渴望得到家庭、团体、朋友、同事的关怀爱护理解，是对友情、信任、温暖、爱情的需要。它包括：①社交欲。希望和同事保持友谊与忠诚的伙伴关系，希望得到互爱等。②归属感。希望有所归属，成为团体的一员，在个人有困难时能互相帮助，希望有熟识的友人能倾吐心里话、说说意见，甚至发发牢骚。我们知道，社交的主要方式是交流。但是，由于受环境的影响，人与人的交流往往受到"圈子"的局限。要想扩大交流的范围，重要的途径就是通过书面文字的传播，到"圈外"寻找更多的知音。这一点，在信息时代通过媒体和网络可以轻而易举地实现。随笔写作恰恰可以实现交流域的扩展，使这种需要得到满足。交往的过程就是智慧生成的过程。

第四层需要是尊重需要。可以划分为：①渴望实力、成就、适应性和面向世界的自信心，以及渴望独立与自由。②渴望名誉与声望。声望为来自别人的尊重，受人赏识、注意或欣赏。持之以恒的随笔写作，会使人产生自信、价值升华与能力提升的体验。尊重需要的满足就可产生智能发展的推动力。人只要有了这种推动力，智慧就会得以扩张。

第五层需要是自我实现的需要。这是最高等级的需要。满足这种需要就要求完成与自己能力相称的工作，最充分地发挥自己的潜在能力，成为所期望的人物。新教育实验提倡师生共写随笔，是作为实现教育理想的"登天路径"来对待的。新教育的网络平台——教育在线开通后，"朱永新成功保险"门庭若市。道理非常简单：不管是老师还是学生，如果每天坚持写500字的随笔或者日记，十年下来就是3650篇，折合180万字了。到那个时候，任谁再想把你当成一个低能儿，都是不可能的事。迄今为止，凡是有100万字积累以上的人，依然没有走向成功的人能有几何？

随笔该追求什么

育在线的随笔队伍日渐增多，精彩的随笔专辑不断涌现。但是，我们也发现有些朋友，因为刻意追求随笔内容的经典和形式的雅致而陷入"故作高深"的空乏境地。正如作家池莉所说："我们长期以来被辞藻华丽空洞无物的文章影响着，带来的直接后果就是我们也自然而然地习惯用这种形式来表现自己的感情，以及欣赏用这种形式表现感情的作品。"关于随笔，钱理群先生有个非常明确的界说："随笔是从心底里涌出来的。它所要述说的，是刻骨铭心的个体生存体验，是只属于自己的'个人的话语'。"随笔究竟应该追求什么呢？下面想结合自己的体会略谈一二。

首先，随笔要追求真实。真实存在于细节当中。赵艳曾对作家池莉的作品做过这样的评价："读池莉的作品，一个强烈的感觉就是——真、实在。她写的都是些琐碎的生活片段，可她一样能把你带进去读，让你感动，感动于生活本身的庸常、平凡、苦恼和淡淡的然而却持久的温情。她一边注视着生活，一边贴心贴肺地倾诉，一桩桩、一件件直说到你的心坎里去，说出了你的、我的、他的日复一日、细水长流、又爱又恨的日子。"人生不可能只有伟大一个舞台。伟大有的时候会让人敬而远之。譬如，在神坛上的毛泽东，远不如走下神坛的毛泽东让人喜欢。别怨恨生活的无聊和乏味，说不定这些"无聊和乏味"正是你的宝藏，开发出来就会金光闪闪。别指责生活的俗气。俗者，会意。人与谷合，乃为俗。只要有了粮食，人就可以挺起腰杆做人了。俗是生命的底色。

其次，随笔要追求激情和诗意。有人打过比方，随笔就是一壶开水，顶开盖而出，气满而发，水溢而成。一壶白开水，大概是再平凡不过的东西了，但是，"顶盖而出，气满而发"就是激情的创造。所谓有感而发，为情而造文就是这个道理。激情需要有事业之爱，激情需要有反思的深入，激情需要有人生的感动，激情需要有生活的体验。关于诗意，我们不能做人为雕琢的理解。激情本身就是诗意，生活本身就充满着诗意。"生命的本质就是诗意的。无论他是一个什么人，作为社会的人，无论他的外壳是什么，无论是丑还是美，是贫还是富，是达官贵人还是平民百姓，都不妨碍诗意的存在。"（池莉语）

如何走出随笔写作的"高原"

假如有一种声音，你却无法听到它的音符和旋律；假如有一种味道，你却无法品尝到它的滋味和感受。这种感觉就是写不出来的滋味，如同一杯柠檬——香里面带着酸，酸里面又裹着甜。写不出来的苦闷是很折磨人的。我曾经多次听到网友发出"不想再写东西"的慨叹。我也曾经受随笔写作"高原期"的煎熬。你有过这样的感觉吗？

在随笔写作的过程中，常常出现"不想写"或者"写不下去"的感觉，尤其是写作水平出现停滞不前，甚至稍有下降的现象，这就表明你已经进入了"高原期"。一旦进入"高原期"，人们会有两种态度。一者自叹"江郎才尽"，自责愚笨低能，望"高原"而兴叹，悻悻而返。一者认定曾经的攀登，重新调整自我，积聚能量跨越"高原"，追逐人生的无限风光。两种态度，结果迥然相异。遭遇"高原"并非低能的标志，而是一个奋斗者多要经历的自然现象。以我的体验，走出"高原"，要诀有四。曰：一读二逼三反思，四贵有恒硬坚持。

一、以读促写

写的匮乏多是由于读的不足。没有丰富的积累就不会有强烈的表达欲望。写的追求，必然导致读的扩张。以写为目的的读尽管有功利色彩，但是其读的效率往往更高，甚或有立竿见影的功效。在读《重读尼采》的过程中，我产生了撰写《生命随想》的念头，并且一挥而就完成了

3000字随笔。在读超星数字图书《丑陋的人性》《挑战人性》《技术的人性面与非人性面》等人性系列图书的同时，我写成了《在心中把人写大》等人性案例随笔系列。古诗有云："问渠那得清如许，为有源头活水来。"读是写不可忽视的"源头活水"之一。从心理学角度来看，尽管阅读和写作是两个不同的心理过程，前者是自外而内的意义吸收，后者是由内而外的思想表达，但这两个心理过程之间又是可以互相沟通的。善读之人不一定善写，但是，善写之人却一定善读。

二、逼出精彩

人生的进阶，有时候"竟一个'逼'字了得"。"逼"字，是长了脚的"一口田"。"一口田"旁边有神的保佑，就是"福"。"一口田"上面加个屋顶，表示有房有田，就是"富"。一切成功皆与"逼"字有缘。众"逼"之下，必有"文"夫。"不想写"的时候，自己或者朋友"逼"一下，或许会峰回路转。教育在线有着相互提醒的优良传统，当隔几天不见新帖的时候，一定会有人提醒你："请再来！"生命的潜能人所难料，生命需要提醒。生命的提醒会使生命潜能得以扩张。虽然写作的最佳状态是追求文思泉涌，但是，有些时候"挤牙膏"也不失为一种写作方式。文思泉涌的状态，可能时常出现，但是却不能恒常保持，纵"大手笔"也常常如此。如果你问金庸："你这些武侠巨著是怎么写成的啊？"他很可能答："报社连载逼出来的。"你再问："如果没有报社逼，你写得出来吗？"他很可能答："写得出，但写不了这么多。"你或许认为，一个人没有灵感，逼也没用。其实，灵感好多都是在逼迫下诞生。传统诗社有"击鼓催诗"的故事。一群诗人聚会，有人出题：几言诗，什么韵，咏什么题材。题目才喊出来，就开始击鼓，起初慢慢地一声一声击，愈击愈快，心愈急，愈写不出，鼓声愈连成了一气。在此种情形下，纵一个个平常潇洒风流的诗人，也会急得抓耳搔腮、满脸通红，然而一个月也写不出来的诗作，鼓声中居然瞬间完成了，这就是逼的功效。许多惊人的作品就是这样诞生的。敢于"逼",善于"逼",我们才能超越自己。此时请再重温《孟子》那段话,其教义更为亲切——"天将降大任于斯人也,必先苦其心志,劳其筋骨,饿其体肤,空乏其身,行拂乱其所为,所以动心忍性,增益其所不能。"正所谓:"退一步,山重水复;逼一逼,柳暗花明。"

三、反思不辍

外显的文字是反思的成果。表达的停滞,往往来自于反思的停歇。"人是一根会思想的芦苇。"但是,由于责任心的差异,并不是所有的人都在反思。反思的成果从来都不会轻而易举,它包含着艰苦的孕育和痛苦的分娩。假如你把事业当作使命,你就不会放弃反思的责任。一切变革都以反思为基础。面对新课改行进的艰难,我在问:"制约课改健康发展的问题是什么?"于是,我写成了《课改忧思几时休》。面对政府教育投入不足等问题,我写成了《教育究竟是谁的》。面对教育的人性缺失,我写成了《让人性焕发灵光》。反思的深入,必然带来文字的深刻。我思故我在,我写故我思。

四、以恒制懒

毛泽东有句名言,在下斗胆篡改两字。"贵有恒尚需三更眠五更起,最无益只怕一日曝十日寒。"我之所以将名言中的"何必"改为"尚需",我觉得这样更符合成功者奋斗的实际。想成就一番事业,没有持之以恒的精神是不行的。随笔写作的"不想写"、"写不出来",其实多为懒惰的遁词。人太容易做懒惰的俘虏了。制懒唯有用恒。我也经常冒出"不想写"、"写不出来"的念头,也曾经不止一次的输给懒惰,但是,后来我对自己说:"不想写也得写。坚持不了,也要硬撑。"包括今天这篇东西,原本想分为两天完成,结果硬是坚持在一个晚上完成了。每每战胜一次自己,恒心就会得到一次强化。拥有恒的感觉,也是一种幸福的体验。

笔下如何能生花

朋友，听说过德国画家门采尔（1815—1905）的故事吧？有一次门采尔低头坐在一条臭水沟旁的泥土上，过往行人都奇怪他为何要在这鬼地方休息。走近一看，噢，原来他正在全神贯注地画他刚才误踩污泥而弄脏了的靴子呢！

还有一次，门采尔在一个晚上忙不停，在剧场内上蹿下跳，不亦乐乎。惊奇的人后来才知道，原来他这是忙着为演员和观众作速写呢！因此，当时有人开玩笑说，门采尔得了一种"绘画狂热症"。对此，门采尔反而十分高兴地说："我希望我的病永远治不好。"

门采尔一生勤奋，创作的作品数量惊人，他的绘画艺术对世界有着广泛的影响。

瞧，门采尔创作的热情和欲望多么高呀！咱说的这是绘画，其实写文章也是一个理儿。因为人啊，总是有一种表达的愿望，总是有许多心里话想说出来。这一点，只要你看看论坛的跟帖就会增加一些体验。所以，写文章并不神秘，无非是把自己看到的、听到的、想到的有意义的内容用语言文字表达出来。

也许有些朋友会说，想，我们是想过了，可惜我没有一支生花笔。写文章当然也并非易事，想一口吃一个胖子是很困难的。至于写文章会遇到难处，诸如，提起笔来无话可说，或是心里有话，笔下写不出来，这也都是很自然的事。但是只要你树立起自信心，只要你不断总结经验，只要你多多练习，困难总会克服的。

下面我讲一个王安石寻求生花笔的故事。

相传北宋王安石青年时候，一天，他从书中得知，唐代大诗人李白某夜梦见所用的笔头上长了一朵美丽的花，因此才华横溢，名闻天下。于是他拿着书请教老师是否真有生花笔，并求老师也赐他一支。老师便拿来一大捆毛笔说："这里有999支毛笔，其中有一支是生花笔，但究竟是哪一支，我也不清楚，你自己找吧。"王安石请老师指教，老师说："你只有用每支笔去写文章，写秃一支再换一支，定能寻得生花笔。除此以外，别无他法。"从此，王安石苦读诗书，勤练文章。他写呀，写呀，几年后他把998支毛笔写完了，仅剩一支。一天夜里，他用最后一支毛笔写了一篇《策论》，只觉得文思泉涌，行笔如云，一篇精妙的《策论》一挥而就。写完，他高兴地大喊："我找到了，我找到生花妙笔了!"

朋友，假如你也想有一支生花笔，那就请拿起你手中的笔，勤奋地写! 一天写10000字当然是困难的，写1000字行吗? 100字总该行了吧? 你可千万别小瞧这100字，100天就是1万字，1000天就是10万字。这样3年你就能写1本书了!

第六章
用脚思考出智慧

　　台湾诗人商禽说过："我们用手行走，用脚思考。"
作为基层的教师让我们具有教育家的理性的确并非易事，
但是，我们却拥有教育家难以拥有的一线教学实践。对教
育的理解和领悟，更多的来自于身体，来自于实践。对于
我们来说，切身的经历、体验就是一笔巨大的财富。在我
看来，教育家有两种：一种是学院式的；一种是土生土长
的。对后一种来说，理性的东西越多，有时反而创新越少。
草根是我们的凭借，草根是我们的优势。作为一线教师，
我们必须敢于坦言：草根但绝不山寨！

用脚思考

  我之所以用这个题目，要特别感谢曲阜师范大学的李春桥老师。记得他在给我们讲授研究生课程《当代教育学》时，时常用"这是一个用脚都能想清楚的问题"来打诨。当时只是好奇，后来我想，平时我们不就是常常"用脚思考"吗？我突然想到了台湾诗人商禽的一句诗："我们用手行走，用脚思考。"作为基层的教师让我们具有教育家的理性的确并非易事，但是，我们却拥有教育家难以拥有的一线教学实践。对教育的理解和领悟，更多的来自于身体，来自于实践。对于我们来说，切身的经历、体验就是一笔巨大的财富。在我看来，教育家有两种：一种是学院式的；一种是土生土长的。对后一种来说，理性的东西越多，有时反而创新越少。我甚至在想，假如魏书生教育学博士研究生毕业，不知道还有没有魏书生；假如崔其升博士后毕业，也不知道还会不会有崔其升。我们必须"生出我自己"！也不要等到理念提高以后再去改革。只要你胜任教学，你就胜任改革，胜任研究。早在三百年前，法国作家蒙田就指出："草木因太潮湿疯长而郁闷，灯儿因油上得太满而窒息；心灵的活动也胶滞于过多的知识与钻研，因为既受这许多繁杂的事务所占据和羁绊，它必定失掉自由行动的能力……我们只孜孜不倦地去充塞我们的记忆，任我们的悟性与良心空虚。"用脚思考是我们的权利，用脚思考是我们的优势。

然而，可悲的是，我们有些教师只管用脚走路，不会用脚思考。"星星还是那颗星星哟，月亮还是那个月亮。山也还是那座山哟，梁也还是那道梁……只有那篱笆墙影子咋那么长。"孔子云："学而不思则罔，思而不学则殆。"我要说："'教'而不思则罔，思而不'教'则殆。"

当然，我决不主张远离理性，更不主张理论无用。这一点我的教育实践就可作证。我一直在坚持不懈地读书，坚持不懈地追求我的教育理想。我的意思是，作为一个普通的教师要找到自己的优势，在实践的基础上学会反思，在反思的基础上促成感性认识向理性认识的提升。从上到下是一条路，从下到上也是一条路，上下结合又是一条路。有道是，"条条大路通罗马"。究竟走哪条路却需要我们自己选择。

且把脚印作图腾

人不可没有敬畏，心灵不可没有图腾。

假如我们对教育的理解能够物化成一个形象，然后再将这一形象幻化成一种思想融入人的心灵，继而成为教师和学生的一种行为模式，这岂不就是我们心灵的图腾？教育一旦有了"图腾崇拜情节"，那么，我们的追求，我们的使命，岂不就会更加主动、自觉？

图腾就是我们要追求和建设的学校文化凝练的缩影。

痴迷于文化图腾的再造，绝不是追求一种时髦的灵光，确属使命使之然也。因为，从宏观层面讲，一个校长应该做好三件事情：其一，战略规划；其二，资源调配；其三，学校文化。文化是个神圣的东西。一个学校是不可以轻言"有文化"的。所谓文化主要是指人的文化，是指人对于一种价值观、一种思想、一种理念的内化。文化的外化所凭借的是人的行为模式。对文化的考量，最终需要从做中评估。

那么，文化的价值究竟有多大？文化的力量真的很神奇吗？

从管理学来看，提升或改变某个人的素质，一般能使工作效率增加一倍；而靠改变工作流程，一般能使工作效率增加 10 倍；只有文化才能使群体的工作效率 100 倍地提升。

在学校文化建设过程中，华为集团的"狼文化"给了我们深刻的启发。"狼文化"内涵有三：其一，狼嗜血，做企业需要嗅觉灵敏，及时捕捉商机；其二，狼喜欢寒天出动，企业必须学会在艰苦的竞争环境中开拓市场；其三，狼成群结队行动，企业需要有强烈的团队精神。在很长一段时间里，我们一直被学校文化的物象化困扰着，一直在深深地思考用什么来象征我们新教育文化。最终，我们选择了"脚印"。就这样，"脚印"成了我们新教育的文化图腾。

　　脚印是人生的连环画，

　　稚嫩、成长、欢乐、苦涩，

　　脚印都有回答，

　　只有不停步的人才能读懂它。

我们之所以对脚印情有独钟，是因为脚印作为新教育文化图腾，能够形象而又深刻地表征我们对这种文化的追求与理解。对脚印的内涵，可以做如下解码：

1. 脚印不能歪斜。走得正，才能立得直。人生的悲哀，莫过于留下两行歪斜的脚印。人生的过程，就是道德长跑的过程。每一个脚印都能丈量出人格的高度。道德修炼是相伴终生的事情。"脚印不能歪斜"，应作为我们一生的提醒！关于道德教育，我个人认为应该回归"原点"，从根上抓起，否则欲速不达。道德的根基在于善良，善良的源头发端于孝。百德孝为先。面对当前道德教育的乏力，我们采取了问师经典的战略。我们编写了以《三字经》（三言）、《成语千句文》（四言）、《五字鉴》（五言）、《孝经》（杂言）为主要内容的校本教材——《经典诵读345》，经典教育从中小学、幼儿园同步展开。我们需要强化和定格的就是："人之初，性本善。"对教师，我们提倡诵读《论语》《道德经》。经典诵读的教化功能是不能低估的。

2. 要学会用脚做梦、用脚思考。教育不能没有梦。有梦教育才会有希望，有梦我们才不会寂寞。但是，如果我们只是满足于用头脑做梦，那么，梦有可能只是虚幻缥缈的海市蜃楼。我们要学会用脚做梦。千里之"梦"，始于足下！

一个想成长的教师，没有一支生花的妙笔是不行的。笔是反思的利器。提起写，我不主张动辄号召教师写论文，论文是更适合教授的一种文体，教师当中真正能写好论文的并不多见，教师应该有他们更适合写的东西，诸如随笔、案例、教学故事等等。

3. 千里之行，始于足下。再伟大的目标也不能诞生在希望和等待之中。我们能够凭借的有且只有今天的"足下"。雷厉风行，决战今天，才是我们应有的作风。我们追求：想说的要说到，说到的要做到，做到的要见到。

我们当谨记："今日复今日，今日何其少！今日又不为，此事何时了？人生百年几今日，今日不为真可惜。若言姑待明朝至，明朝又有明朝事。为君聊赋今日诗，努力请从今日始！"

教学工作要日清日结。教学要达到"零缺陷"的境界。强化教学经济的观点，立足于第一次做对，当堂学会。

4. 一步一个脚印。人生的脚印多为"文本"的影集。读书其实就是前人或者他人"脚印"的扫描；写作（诸如日记、随笔）恰是自我脚印的收藏。我们要不住地问："今天，我留下脚印了吗？"

5. 生命密码破译——追求完美。我一直在思考一个问题："人，为什么不管脚趾还是手指，都一律 10 个？"原来只要是人就应该有"十全十美"的追求。追求完美原本就是生命的"基因"。但是，反思我们的工作，却往往是以小于 10 的状态作结。这期间的"差"，就是人生的差距。在工作中，每一个层面，每一个环节，每一个细节，都追求完美，这是人生的使命和义务。

请你不妨这样想

般人都把"思想"理解为名词概念，其实，"思想"的动词功能不可小觑。一个人怎么想，决定他怎么活，即：思维模式决定生存方式；生存方式决定工作方式。社会在转型，教育在转型。转型的本质恰恰是思维模型的转型。作为新时代的教师，需要重建四种思维模型。

原点思维。教育功利的过度追求，就会助长教育的浮躁。"教育需要回到原点再出发。"（朱永新）教育的原点蕴含着教育智慧的原型。原点就是本质和规律。教育呼唤四个回归：一回教育的规律；二回学生身心发展的规律；三回课堂教学规律；四回学科知识建构的规律。人的行为方式，一旦背离了教育的原点，就会屈从于经验和感觉。遇事想规律，事事明规则，处处讲规范，应该成为我们生命的提醒。

批判思维。批判思维是建立在公正和理性基础之上的，面对事物、现象、问题、结果进行再考察、再分析、再系统的思维方式。它的特点是讲真理、不盲从、有个性。是否具有批判思维，是判断一个教师是否形成教学风格的重要标志。

系统思维。教育的问题都是系统的问题。这里说的系统不单单是指教育的系统，而且，指向时代、社会、生命、生活。这就要求我们不仅要能够深入教育看教育，还要能够跳出教育看教育。要善于从时代要求、社会需要、生命成长、生活情趣等方面，寻找教育的使命和责任。

创新思维。创新思维价值的认同没有什么问题，我们更追求实践的探索。创新思维的标志在于生成新思想，发现新经验，找到新模式，共享新方法，铸造新品牌。

有人曾经功利地问过我："于老师，你有什么看家本领吗？"如果有的话，以上几种思维模型就是我的回答。

正是：

遇事想原点，

见解有批判。

思在系统中，

创新成自然。

关于教育原点的追问

《礼记·学记》："教也者，长善而救其失者也。"《说文解字》："育，养子使作善也。"《中庸》开篇三句话，或许能帮助我们理解什么是教育："天命之谓性，率性之谓道，修道之谓教。"意思是说，上天（大自然）赋予人能动的秉性，遵循这样的秉性就是我们追求的道，修持这样的道就是我们的教。理解这一段话，关键在一个"性"字。"性"，甲骨文的"性"和"生"是同字。所以，《孝经·说曰》云："性者，生之质也。"《通论》谓："性者，生也。"自金文始，"性"演变为"竖心"＋"生"。在下猜度古人之造字，用心良苦。我们苦苦地思索，人的天性究竟是什么？左"心"右"生"，莫不是在警示人：人的天性就是一心一意的"生"。生者，活也，故曰生活；生者，存也，故曰生存；生者，动也，故曰，生动；生者，机也，故曰生机。人欲生，必能动。天之命，谁不从？这么看来，好的教育应该还学生主动、能动、自动的权利，让他们在主动、能动、自动的学习中开发潜能，促进成长。

孟子曰："君子深造之以道，欲其自得之也。自得之，则居之安；居之安，则资之深；资之深，则取之左右逢其原，故君子欲其自得之也。"（《孟子·离娄下》）孟子说：君子要按照正确的方法深造，是想使他自己获得道理。自己获得的道理，就能牢固掌握它；牢固掌握了它，就能积蓄很深；积蓄深了，就能左右逢源取之不尽，所以君子想要自己获得道理。如此看来，教育的一个重要使命，是保护甚至捍卫孩子的主动性。

教育最重是人本

万事万物唯谁为大？甲骨文的"大"，象形，人肢体伸展谓之大。"大"者，原为人也！正所谓"天大地大不如人大"。人，有且只有人才是万物之灵。凡人都是大写之人！作为一名教育工作者，深刻地认识这一点，树立人本教育的理念，这是时代教育发展的必然要求。

"人本"，说白了，就是把人当作人来对待。但是，反思我们的教育教学，是不是还存在某些非人性的行为？管理上的重"管"轻"理"，重"制"轻"导"的现象，缺乏人文关怀；教学上某些老师不是"教学生学"，而是"制学生学"，教学缺乏民主，课堂缺少"人气"；教师喜欢按照自己的意志要求学生，使学生对独立的、主动的、探索性的活动失去勇气，使学生的创造性和人格的全面发展均受到影响……如此等等，都表明"人本教育"的确不是一个轻松的话题。那么，在教育教学中怎样才能体现"人本教育"的要求呢？

首先，情感教育是基础。儒家哲学认为，情感就是人的最基本的存在方式。先有人与人之间真情相待的基础，然后才是角色与角色（校长与老师、老师与学生）之间的互动。当教育缺乏了"人情"的时候，当我们的学生面对着那些无表情的管理者和冷漠地演出教案剧的老师的时候，他们怎么会热爱学校，热爱老师，热爱学习？又如何会萌生为科学真理和教育事业献身的念头？因此，学生态度冷漠的根源，主要在于教师本人对工作、对学生缺乏热情。苏霍姆林斯基指出："为了培养学生的高尚的情感素养，教师首先就必须应有高尚的情感素养。"这就是说，教师先要具备情感素养，才能奠定进行卓有成效教学的职业基础。继而从心灵深处贴近学生，做到动之以情，深于父母，晓之于理，细如雨丝。这样，我们的教学便能够进入情亦融融，意亦融融，心亦融融，学亦融融的理想境界。

其二，关注生命是关键。只要成其为人，不管你的职务高低，身份异同，其生命尊严都是等价的。任何对生命的漠视甚至摧残都是要遭到天谴的。摩尔说："凡人都是同胞。我们都来自相同的生命的源泉，我们都同样的易感受苦痛，同样的有弱点，走入同样的最后命运。我们应当互相挽着手，我们应当结伴。我们应当互相信托，互相亲爱，互相同情和扶助、忍耐和宽恕。"关注生命就要学会尊人和自尊，要善于平等地与人交往，既不要居高临下，又不要妄自菲薄。要"用生命去温暖生命，用生命去撞击生命，用生命去滋润生命，用生命去灿烂生命"。

其三，尊重个性求发展。个性最显著的特征就是独特性。尊重学生的个性，就是在教育的过程中，使教育内容、方法等尽可能地适应学生的发展水平。标准过高，会对学习者构成精神威胁；标准过低，将会压抑其对知识探索的激情。"唯有让其自立，才能使其自尊。"要有宽容之心，摆脱自我同化期望的枷锁，接纳"另类"，善待他人。对于有特殊兴趣和才能的学生，应积极为他们开辟创造性的学习途径，多给学生提供表现自我的机会，多鼓励学生"别出心裁"、"标新立异"。对有"棱角"的学生，我们要见"怪"不怪，要主动接近他们，了解其个性，引导其健康发展。每位教师必须善于发现学生的个性、特长，做新时代的"伯乐"。

期盼教育新力量

有一个问题大家不能不想，当下学校最缺啥？这个问题搞不清楚，任何改革都会受到制约和限制。那么，当下学校究竟最缺什么呢？有人说，缺质量；有人说，缺名师；有人说，缺名校长；有人说，缺现代化的教学设备；有人说，缺先进的教育理念。不错，这些都缺，但是，在我看来，纵然这些都有了，学校也未必就能搞活。从哲学的角度反思，我以为当下学校最缺的是"新教育力"。大家一看就明白了，所谓"新教育力"的定义，完全是基于"无知者胆大"的一种个人杜撰。没有办法，为了说明问题，只好让诸君硬撑一下眼皮了。哲学上有一对概念，叫作生产关系和生产力，并且告诉我们生产关系只有适应生产力的发展社会才能进步。我一直在想，教育作为一项事业是否也有类似的关系？是否可以称作"教育关系"和"教育力"？如果是这样，那么，"教育力"的解放便是当务之急！

时下，教育的现状是，统得太死，学校自主权太少！人们都有一个感觉："我是一个工具，整天为别人活着。"上级领导好像不相信校长能办好学校；校长好像不相信教师能教好学生；教师好像不相信学生能够学好功课。校长是上级领导的工具；教师是校长的工具；学生是教师的工具。试问，有几个校长能按照自己的思路办学？有几个老师能按照自己的个性教学？有几个学生能按照自己的兴趣学习？而且，越往基层越死。上边搞一项教改实验，你们学校不参加，年终考评保准倒霉。上边推广某种教学方法，你不采用，保准没有你的好果子吃。我曾听说，一个极富教学个性的教师，参加教学能手评比，仅仅因为没有用"××教学法"而被"合情合理"地淘汰。类似这样的情况不胜枚举。规范乎？悲哀乎！把民主和个性抛在一边，教育便失去了内在的力量，任何的改革都会显得苍白无力。我们不能不对享有"总设计师"美誉的邓小平同志表示敬仰。我们是否可以从20世纪80年代农村生产力的大解放获得启示。论素质，农民阶级恐怕不能说最高。但是，如果一旦给了他们自主权，一旦解放了禁锢已久的生产力，中国农村的奇迹到来了。我们曾经担心他们种不好地，但是，实行联产承包责任制以后，他们不仅能够种好地，而且，大力开展多种经营。在中国的土地上诞生了一批新时代的种植专家、养殖专家、农民企业家。不要说"教育是个特殊的行业，一切要慢慢来"。当然，我绝不主张教育改革完全照搬农村改革的路子。作为一个有责任心的教育工作者不能不为打破这个机制而呼吁。可怜一下中国的教育吧，把自主权还给学校！把自主权还给教师！把自主权还给学生！

呜呼！我无话可说。"教育力"的解放等待何时？最后请我们唱一曲《国际歌》吧："从来就没有什么救世主，也不靠神仙皇帝……"

坦言我的名利观

"名"我所欲也，"利"亦我所欲也，然沽名钓誉我不为也。这就是我的名利观。

我料定抖出这一观点会为某些"高尚"之人所不齿，甚至会被诬为"卑贱"，但是，我绝不会自制一顶金光闪闪的"高帽"戴在头上招摇于世。我始终顽固地认为，对自己负责就是对学生负责，就是对家庭负责，就是对事业负责，就是对社会负责。我又想起了当年被评为全国优秀教师的时候，不少人都归功于领导的关怀、同事的帮助等等，我并不反对这样表态，但是我从心里喊出的却是"我当之无愧"。因为我首先不能愧对我的执着、我的付出、我的血汗。"自我"是"社会我"存在的基础。没有"自我"，"社会我"便只能是一种虚拟的存在。最近，阅读超星总裁史超先生关于脑科学的研究，又找到了一条重要的论据："脑是一个肌肉运动的控制系统，该系统控制肌肉产生的所有行为都是为了实现一种目标：对自己的奖励（奖励实际上最终归结为一种作用于脑某位置的化学或电信号）。脑产生的所有行为都是为了一种愿望的满足：获得奖励。脑的所有行为的目标就是奖励最大化。"且不说共产主义离我们何等的遥远，纵然是到了那个社会不也得按需分配？需要是啥？需要是"自我"的需要。需要特别说明的是，建立自己的"名利"追求，绝不等同于自私自利，更不能为了自己的一己之利不择手段地去沽名钓誉。坦言这一观点，只是想我们都应该从虚幻缥缈的世界中挣脱出来，想得实际一点，做得实际一点。别整天看"彩虹"，更别觉得自己就是"彩虹"。人其实就是这样的简单，可以做出伟大，但别总是觉得伟大。

别做精神边界的侵略者

所谓精神边界是指看不见摸不着的，个体精神世界与外部客观世界之间的分界线。譬如，跟陌生的异性同时乘坐电梯，双方一定是各守一边，而且彼此心里觉得距离越远越好。其实，这里彼此守候的就是精神边界。精神边界就像一个心灵的"看门人"。当你接受或拒绝信息（事件或经历）的时候，它就会签发或拒签许可证，决定打开或者关闭经过边界的门。正如人的身体边界决定人的外表一样，精神边界决定人的个性。

非常遗憾的是，精神边界的无形，致使不少人无视精神边界的存在，甚至经常扮演精神边界的侵略者的角色。假如你的小孩跌了一个跟头，他会喊疼，甚至会委屈地痛哭，这时你可能会说："哭什么，又不疼。"孩子跌了跟头，居然连疼的权利都没有。正如你的学生认为雪化了是春天，你却固执地认为雪化了只能是水。亦如教师觉得课堂教学应该追求多样和个性，作为领导的你却顽固地推行统一的教学模式。世界上似乎永远是"上"对，"下"错。家长永远是对的，统治孩子没商量；教师永远是对的，统治学生没商量；领导永远是对的，统治教师没商量。总以为"我知道你"，所以"我替代你"不需要理由。精神边界的侵犯竟然是这样的理直气壮。

从逻辑学的角度看，人的精神边界是对等并列的关系。人的尊严，在于精神边界的对等。人的精神边界不存在"包含"或者"包含于"的关系。边界都应该有限度。边界的人为扩大，就是一种边界入侵。从某种意义上说，对人的尊重，就是尊重人的精神边界。

我们不妨扪心自问：我是否也是一个精神边界的侵略者？

别用分数评判学生的未来

春节前后连续参加几届学生的聚会，感慨颇多。其中最为强烈的一点就是得出一个结论：千万别用分数评判学生的未来。有些学生一别二三十年变化让人惊奇。当时考试分数高的不乏事业成功之人，但是，照样有生活萧条者；相反的，当时成绩平平，甚至很差的学生，如今事业如日中天，腾达飞黄者不在少数。还有一个奇怪的现象，靠学业出来的人多为工薪阶层，靠创业闯出来的人老板经理则大有人在。当教师的只是认准一个理，考不了好成绩，将来是没有出息的。不少教师尽管口头上不好明说，但是，心里都装着"分数大于人"这一评价定律。甚至有的学生因为分数低而遭受教师的歧视。不用再去举一些劣等生成长为名人的例子，对照一下自己的同学，再看一下自己的学生，雄辩的事实足以印证了以分取人的荒唐。但是，再回到教育的现实中来，以分取人者大有人在。分数的魅力太大了。不管是校长、教师、学生，还是家长，几乎无一例外都情愿做分数的奴隶。当然，这绝不是鼓吹"分数无用论"，更不是印证所谓"高分低能"，或者什么"低分高能"。问题都不能走向绝对化。纵然我们承认分数里面有素质，分数里面有智慧，分数里面有机会，但是，我们一定要更清醒地认识到，分数里面不一定就有未来。

我们没有资格用分数评判学生的未来。

为"教书匠"正名

近年来，在教育界有一句口号"不当教书匠，要做教育家"正在全国高频率地传播。好像做教师的目标就是教育家，好像教书匠压根就是令人不齿的行当。作为教师有当教育家的理想无可厚非，但是，让教师都成为教育家只能是不切实际的谎言。正如，从政的需要政治家，但是，从政者不会都成为政治家；搞科学的需要科学家，但是，搞科学的不会都成为科学家；行医的需要医学家，但是，行医者不会都成为医学家……如此罗列，结论都是相同的。做个"教书匠"有啥不可？难道你不是"教书匠"？难道我不是"教书匠"？再回忆我们的老师，难道不几乎都是"教书匠"？再看当下的学校，我倒觉得"教书"的不少，而且能够成为"匠"者太少。在我看来，我们不应该一味地轻蔑"教书匠"，而应该培养相当数量的"教书匠"。

"匠"字，查《现代汉语词典》含义有二：一、工匠：如铁匠、铜匠、木匠、瓦匠、石匠、能工巧匠。二、（书面语）某方面很有造诣的人：宗匠、文学巨匠等。再查"教书"，意为"教学生学习功课"。"教书匠"，指教师（含轻蔑意）。就"匠"的两项含义来看，"工匠"之"匠"并不容易当。记得我们家乡盖房子，能称为匠人的都有一手叫人佩服的精到的技艺。凡是不能做匠人的只能做"土工"。由此联想，我觉得教师当中"土工"太多，"匠工"太少。如果按照"匠"字的第二项含义理解，意思即为在教书方面很有造诣的人。"教书匠"不就是"香饽饽"？再者，教书的确需要"别具匠心"，需要"匠心独运"。"教书"与"匠"攀亲，何罪之有？至于"教书匠"曾经的自含轻蔑，那只不过是历史上对教师的歧视罢了。当下教师的职业已经在发展中摆脱了这种遭受歧视的历史。

"教书匠"不是非得跟"教育家"对立的一方人群。用所为是否有科研的自主意识和自主行动来区分"教书匠"和"教育家"也完全是一种武断的规定。事实上，凡是想成为"匠"的，不研究是断乎不成的。当个"教书匠"吧，一个出色的"教书匠"就是一个"教育家"。

课堂评优是选美乎

天，我们要召开全区教育工作会议，为让领导了解多媒体教学的优势，会议安排了两名教师进行多媒体说课。在人员筛选上我们大伤脑筋。其中首要的一项条件就是要"拿出门来"。人员初选，说白了是一个面试"选美"的过程。这样做不仅仅是为了满足领导的愿望，其实主要还是为了保证说课的效果。俗话说："爱美之心，人皆有之。"车尔尼雪夫斯基也说过："人的一切都应该是美的。"人见到美总会产生愉快的心理体验。这让我深刻地反思：这是人性的崇高，还是人性的局限？尽管我们知道"美"与"非美"（这里我实在不忍心用"丑"）是一组相对的概念，我们需要进行深刻思考的是，排斥"非美"有没有理由？难道"非美"已经沦为相对"美"的"弱势群体"？纵然是"弱势群体"就有遭受歧视的理由？

联系到各级各类的优质课评选，选美的倾向就更为明显了。尽管在评比条件上都不会把"人首先要漂亮"作为一项条件，但是，我们看到的却是那些不够漂亮的人选总是名落孙山。大家一定注意到了，不管是哪级的优质课评选都是：女的比男的多；高的比矮的多；大眼睛的比小眼睛的多；双眼皮的比单眼皮的多。有时漂亮能掩饰知识的缺憾，但是，知识却很难弥补漂亮的不足。

倾向美是人的习惯定式。我们姑且不把美作内容和形式的切分，也别指望用所谓内容的美弥补形式的美的不足。我们急切要做的是改变对美的认识模式，别轻易地判断人的不美。因为人是最美的动物。用人性的标准去看人的时候，你会把很多的"非美"的定式过滤掉。对车尔尼雪夫斯基的话，我们是否可以作这样的变通："一切的人都应该（别抬杠。注意是应该）是美的。"再者，教师都是经过面试上岗的，都能"拿得出门来"。作为教师，首要的是内涵的追求，是文化的涵养。别让"漂亮"迷住我们的双眼。

分数，你该不该蒙羞

曾几何时，众人为之趋之若鹜的分数，地位一落千丈，成为人们诅咒的对象。一会儿，人们说你重要；一会儿，你又一文不值；一会儿，你昂首挺胸；一会儿，你又蒙羞受耻。有人说你是摧残生命的祸首，有人说你是成功者的标尺。我们究竟该怎样对待你？素质教育还有没有你的位置？谈分色变，难道真的是与时俱进的标志？一时间，分数隐退了，等级评价宣称能够代表公众利益。本来1分的差距，现在变成了一个等级的距离。这是对学生的关照，还是更为沉重的打击？你错了一个题，我错了两个题，都被模糊成一个等级，这样能够增强进取的信心，还是增加了发展的阻力？学生到底该不该对自己的学习成绩有个仔细的把握？"知情权"难道可以在"尊重"的斗篷下消失？等级的表白难道天经地义？分数的描述难道就真的罪大恶极？当人群没了区别，竞争就会苍白无力。如果缺少竞争的磨炼，优良的素质从何谈起？清一色的好学生，必然造就清一色的好老师。我们需要反思，这是否能反映教学的真实？学习的趋近，教学的趋同，难道能够调动内部活力？

众所周知，现在的分数正在进行脱胎换骨的"涅槃"，正在经历知识立意向能力立意的更生，我们都应该对分数重新认识。不管是高考、中考，还是新课程改革，我们都在追求让分数反映素质的含义。分数的实现形式可以多元，但是，对分数的冷落必须加以警惕。教育竞争需要明朗的环境。请勇敢地把分数的遮羞布挑起！

听是被动的学吗

我国的教学改革喜欢刮风。就课堂教学而言，新课程理念认为，教学方式必须实现由接受性学习向探索性学习的改变。于是，教师的"讲"受到了前所未有的挑战。有老师的"讲"，自然就少不了学生的"听"，于是，有人武断地认为教师的"讲"只是一厢情愿的传授，学生的"听"只能是被动地接受。甚至，有些人企图用教师讲的时间多少来评价教学水平的高下。诸如，有人认为，教师在课堂上讲三分之三的是庸师，讲三分之二的是"匠"师，讲三分之一的是名师，一句话不讲的是特级教师。诸君如果经常听评课，你一定会有"讲得太多"的指责不绝于耳的感触。做老师的哪个没有想讲而不敢讲的痛苦？课堂上老师讲得少了，增加了许多的"讨论"、"活动"、"体验"、"探索"。我之所以在前面的一组词语上加了引号，是我在平时的调查中，总觉得有许多为安排而安排，里面有许多水分。教师的"讲"莫非真的就是"过街之鼠"，需要人人喊打吗？"听"难道真是被动的学吗？谬矣，谬矣！

在我看来，我们观念的转变，应该从研究"讲"与"听"的层面，深入到学生学习需要的层面，观念的转变也应该由关注教师教的需要，转变为关注学生学的需要。只要教学从学生的学习需要出发，教师的"讲"和学生的"听"就会形成交往的互动，互动对双方而言都是一种主动的合作。关键是要心动。动不一定非得构成主动与被动的对立。我一直在想，只要动，本不会有被动。所谓被动是一种强加的认识。记得 20 世纪 80 年代末期，全国各地电台曾出现过刘兰芳热，评书的魅力空前绝后，听众的那种投入绝没有被动的感觉。回忆自己的学习经历，通过听学来的东西太多了。一味剥夺学生听的权利是没有道理的。

这里还涉及学生学习风格的问题。所谓学习风格就是指一个人在学习的过程中吸收信息，处理及内化（记忆或保留信息）产生的主观偏好方式。例如，视觉型学习，视觉功能较强，喜欢以视觉学习，图像记忆。听觉型学习，则听觉功能较强，善用听觉学习，语音记忆。体觉型学习，则体觉功能较强，多喜欢以肢体来学习，用操作来记忆。学习风格是遗传因素和后天培养的结果。适应并作适当的矫正是科学的，强求一律是武断而又行不通的。

老师，只要需要讲你就讲吧，讲就要形象生动，讲就要深入浅出。不要忌讳什么，就为让学生听个真真切切，明明白白。

第七章
练就几招真功夫

　　记得有一次去听美术课，内容是《学画肖像》。老师请三个同学走到讲台前面，仅几分钟就将三个学生的头像画到黑板上，同学们看看真人，看看黑板上的头像，掌声响起来了。在这样的情况下，学生的学习怎么会没有兴趣？

　　我的高中语文老师除了是朗诵专家之外，还有"活地图"的称号。在语文教学中，只要涉及地理知识，他顺手就画出一幅地图，不管是中国的，还是世界的，哪个省份、哪个国家在什么地方，标位都非常准确。这样的功夫由不得你不佩服。教学需要真功夫，实功夫。你总得想办法积累一点看家本领。朋友，你的绝招不妨拿出来与人分享。

"情绪场"的魅力

近年来，先后应全国众多学校的邀请，做报告二百多场，每每都受到欢迎和好评。报告之所以多，是因为有人喜欢听。我这个人挺自信，不管是给老师还是学生做报告，想让他不听很难。原因之一，应该归于"情绪场"的魅力。

所谓"情绪场"是指能激起人们积极情感，进而产生交往、互动的热烈追求、积极思考、合作、和谐的人际交往环境。"情绪场"，就像"磁场"、"电场"、"生物场"一样，能产生巨大的"场"效应。下面想结合实际，谈一谈"情绪场"的营造。

用我真情换你笑容

人与人之间的交往，交流感情在先。感情是交流的桥梁。真情是沟通的磁石。有道是："精诚所至，金石为开。"人的大脑先天具有接纳"真"，排斥"假"的机制。真话说得再平淡，也有人愿意听，假话说得再漂亮，也没有多少人买账。平时，不管是做课还是做报告，我始终坚持不说"大话"、"假话"、"废话"，说就说"真话"、"实话"、"心里话"。真实是做人的基础。在真的基础上还有一个语言"含情度"的问题。话语的表达需要激情的烘托。轻则如金针落地，重则如雷霆轰顶，急则如飞流直下，缓则如小溪潺潺，喜则令喜出望外，怒则令义愤填膺，哀则令泪水洗面，乐则令捧腹不禁。用真情包装真话，用真心换你笑容。

用"暴露"缩短人际距离

人际距离是"情绪场"的半径。就报告会来看，交往的效果与"情绪场"的半径成反比。半径越大，效果越差。是否能够拉近人际距离与相互间的自然暴露程度有关。因为人的心理具有自我封闭性。打破"自我封闭"的手段就是"自我暴露"。我在报告中，不管是理论的理解还是实践的体会，都喜欢用"现身说法"，真实展示从不知到知，从不会到会的过程。承认自己曾经"不知"，曾经"不会"，并不会影响自己的所谓声誉，这恰恰是认识和实践的真实再现。当然，"暴露"不仅限于演说曾经的"麦城"，还应涉猎自豪的"过关斩将"。自己的经历不是需要封存的资产，它应该作为相互影响的一笔资源。演说自己，暴露真诚，才能赢得听众的信任，才能使人际交往缩短"距离"。

用体验唤醒主体意识

"情绪场"效应的大小与体验度呈正相关。话语的交流如果没有体验，印象永远不会深刻。体验是对经验的反刍和提升。为了促成听众的体验，我的做法主要有两点。一是，要充分了解听众的需要，就要急听众之所急，想听众之所想。演说的内容要尽量进入"最近发展区"，实现"有意义的建构"。二是，要精心设计体验活动。譬如，在最近的报告中，在谈到学习的重要意义时，我建议听报告的老师在笔记本上写出当年读过的书名，并且数出书的本数，这样很自然地得出了"读书太少"的结论，从而通过现场的体验增强读书学习的自觉性。

绝招，你有吗

经常有老师问我，课堂上学生没有兴趣该怎么办？我每每都会反问，课堂上我们究竟有没有让学生感兴趣的招数？记得我在上高中的时候，第一节数学课给我留下了深刻的印象。老师姓于，是我的本家。早就听说他是一个"老山大"，学识渊博。他年龄五十多岁，脊背略微有些驼，大概是由于腿病，走起路来一瘸一拐的，一看就是一个性情和蔼的长者。于老师不喜欢客套。开篇一句："同学们，这节课我们复习平面几何。"说罢，挥手在黑板上点上一个点（圆心），之后将手臂一挥画出一个圆。"我画得不一定标准。"说着又将圆规的铁针固定在圆心上，将另一端在圆上走了一圈，轨迹竟然惊人吻合。54名学生心无旁骛，这一招下来，皆目瞪口呆，佩服得五体投地。课下，几乎所有的同学都在模仿画圆，越是画不圆，心里越是佩服。后来，于老师在黑板上作角，不仅特殊角，就是一般的角不用半圆仪，作得也惊人准确。试想，有这样的老师，学生想不学都难。高中阶段我们都对数学挺感兴趣，与老师的绝招不无关系。

我们的高中语文老师除了是朗诵专家之外，还有"活地图"的称号。在语文教学中，只要涉及地理知识，他顺手就画出一幅地图，不管是中国的，还是世界的，哪个省份、哪个国家在什么地方，标位都非常准确。这样的功夫由不得你不佩服。

记得有一次去听美术课，内容是《学画肖像》。老师请三个同学走到讲台前面，仅几分钟就将三个学生的头像画到黑板上，同学们看看真人，看看黑板上的头像，掌声响起来了。在这样的情况下学生的学习怎么会没有兴趣？

教学需要真功夫，实功夫。你总得想办法积累一点看家本领。请问，绝招，你有吗？

问一声大脑你为啥累

我曾经不止一次地听到过"别累坏大脑"的劝告，于是总想揭开大脑为啥累这个谜。最近读《神奇的人性》（作者：［美］戴尔·卡耐基著，宋德利译），总算对大脑疲劳机理有了一个大概的了解。其实大脑的潜能我们一般只开发了 5％。打个比方说，大脑应对我们平时工作就如同大马拉小车。大脑工作起来能够在八小时，乃至十二小时的辛劳之后还像开始时那样出色，那样迅速。大脑是绝对不会疲劳的。那么，究竟是什么造成疲劳的呢？精神病学研究证实：我们的疲劳大部分来自我们的精神和感情的态度。一位叫哈德非尔德的杰出英国精神病学者在他的《力量心理学》一书中指出："折磨我们的疲劳大部分都来自精神的起因，事实上纯体力衰竭的起因是罕见的。"美国最著名的精神病学者布利尔医生更进了一步说："健康的坐着的工作者的疲劳百分之百的来自心理因素，我们指的是感情因素。"这些因素主要是忧虑、紧张、烦恼。这话倒的确有道理。可不是吗，我们什么时候感到忧虑了、紧张了、烦恼了，就会累得特别快。看来大脑非常需要有一个轻松的运行环境。

过去我们战胜忧虑、紧张、烦恼，经常犯头疼医头，脚疼医脚的毛病，总觉得如果要想轻松，要么从思想入手，要么从精神入手。从生理和心理的关系来看，这两者都不是入手之处，放松的突破口是放松肌肉。

　　我们不妨做个试验，姑且从我们的眼睛开始。看完一段文字，当你近乎结束时，轻松地靠在椅子上，闭上眼睛，轻轻地对你的眼睛说，"放松……放松……停止紧张……停止皱眉……放松……放松……"请将这几句话反复重复一分钟。你是否获得了轻松的感觉？肩、颈、胸、背等都可以采用这样的方法使其放松。肌肉的放松是精神放松的前提。放松最重要的器官是眼睛。芝加哥大学的埃德蒙·雅各布森医生认为，如果你能使眼睛得到轻松，你就可以将自己的一切烦恼忘掉！眼睛在解除精神紧张方面之所以如此重要，就是因为在身体消耗的全部精神活力中眼睛消耗的要占去四分之一。

　　上面的科学道理，对于指导教学和自修都有积极的作用。譬如，课堂上我们习惯于要求学生坐正立直，不让学生乱动。这样一个姿势撑到底，肌肉常常处于紧张状态，是否恰恰不利于学生的学习？在学习和工作中，我们应该怎样才能把无趣变得有趣，把烦恼变得快乐？这些都需要我们作深入的思考。

为"自信"挂个急诊

不少学生考前总会产生"怕考试"的心态。甚至,一进考场就"心在跳,手发抖"。最害怕见到戴牌的老师,心里总以为"戴牌的"都是警察,都是准备抓我们的人。带着这样的心态坐在考场里,会严重影响考试成绩。之所以出现这样的心态,其原因一是认识的错误,二是"自信"的缺失。

首先,要解决认识问题。"戴牌的"不管是红牌的主考,还是白牌的监考,他们都是来为考生服务的。考场上考生是"上帝",监考老师的职责是,"严格监场,热情服务"。假如考生明白了这一点,你再见到"戴牌的",就会觉得"我们的服务员来了"。当然,我要顺便跟监考的老师说句话:人们最不能容忍的就是你在考场上凶神恶煞的样子。

第二,为"自信缺失病"开两剂处方。在考场上支撑你的精神支柱是自信。古语有云:"人不自信,谁人信之?"强烈推荐急诊疗法。

处方一:激昂音乐激励法。音乐的魔力是卓越的。假如考前几天多听一点激昂的音乐,会迅速提高自信指数。譬如零点的《相信自己》,不管你是听伴奏音乐,还是自己哼唱,都会收到奇妙的效果。"多少次挥汗如雨,伤痛曾填满记忆。只因为始终相信,去拼搏才能胜利。总是在鼓舞自己,要成功就得努力。热血在赛场沸腾,巨人在东方升起。相信自己 wo,你将赢得胜利,创造奇迹。相信自己 wo,梦想在你手中,这是你的天地……相信自己 wo，你将超越极限，超越自己。相信自己 wo，当这一切过去，你们将是第一。相信自己。"

处方二：语言暗示强化法。用简短的语言进行自我暗示，也会收到立竿见影的效果。如考前不妨对着镜子进行这样的心灵对话："我早就准备好了，就等这一天"；"我喜欢考试，喜欢同别人比个高低"；"我今天精神很好，头脑清醒，思维敏捷，一定会考出好成绩"；等等。通过这样的听觉渠道、言语渠道，将暗示内容反馈给大脑皮层的相应区域，形成一个多渠道强化的兴奋中心，能有效地抑制紧张情绪，唤醒自信。

且把烦恼当瓜劈

考场上有三大敌人：忧虑、紧张、烦恼。这"三大敌人"能够破坏大脑的工作环境，他们攻击大脑的武器是释放"疲劳素"，增加记忆提取的摩擦系数，甚至堵塞记忆闸门。要战胜这"三大敌人"，有一个绝招——且把烦恼当瓜劈。

不管是忧虑、紧张，还是烦恼，一旦形成一种心理疾患，就要千方百计地化解它。根据意念转移的原理，我们可以把忧虑、紧张、烦恼假想成一个西瓜。轻轻地闭上眼睛，用两只手在胸前画出一个烦恼的西瓜，在意念上要感觉到西瓜的存在，并在意念上把它定义为"忧虑"。然后，以手为刀从右上到左下斜劈下去，用手用力地向左边推出，并在心里默念："请把忧虑推开……推开……"之后在意念上将西瓜定义为"紧张"。第二刀从左上到右下，用手向右推开，心里默念："请把紧张推开……推开……"随后将西瓜定义为"烦恼"。第三刀从右上到左下斜劈，将其向右推出。这样，在意念中一个西瓜三刀去皮，只剩下中间红红的，沙瓤的，甜汁漫溢的"快乐"，将"快乐"吞噬下肚，合掌运气向下疏散即可产生一种摆脱忧虑、紧张、烦恼困扰的洒脱的轻松感。有诗为证：意念转移真神奇，且把烦恼当瓜劈。精神疙瘩可虚拟，总让快乐伴随你。

给名字灵动的生命

记得我的高中老师、校长张建平老师曾给我题写过这样两句诗："春风劲吹桃李争艳，祥光普照英才辈出。"张老师巧作藏头诗将我的名字暗藏句首，对我进行鼓励，至今让我记忆犹新。有一年贴春联，我干脆将这两句诗贴了出来。现在仍然常常用这两句诗自勉。名字是神圣的。不管是个人还是单位，名字都是第一形象大使。紧紧抓住这一点，把名字作为德育的资源，会收到奇妙的教育效果。

有一年我做初三年级二班的班主任，同学们都因为身处二班而备感压力。原因是这个班名曾经是慢班的班名，教室是慢班的教室。二班的同学总有一种自卑感，偶尔一次评比不如兄弟班，他们便自叹："咱是老二，工作就是差个劲。"这个班的工作也曾一度陷入了低潮。当学生对班级形象失去信心之后，一种消极的暗示心态会直接影响到学生的生存意志。针对这一情况，我首先向同学们讲明一班、二班是平行班，班级工作好坏与班名无关。然后我为同学们析字以解忧。从字形上看，"二字"同甲骨文的"二"（上）字相似。"上"者，高也。我们就是要天天向上嘛！再者"二"字又极像一个台阶，正好给我们提供了一个攀登高峰的阶梯。身在二班不应妄自菲薄，而应觉得光荣才对。打这以后，同学们见到"二"字不再皱眉头了。人人都跃跃欲试，想与一班争个高低，结果班级工作一下子超过了一班。

记得有一个学生，名叫云亭。他曾一度对学习失去信心想辍学。我找他进行了一次长谈，并且赠给他小诗一首："云欲腾空需费力，亭要高耸砖瓦砌。今日多备砖瓦料，明朝一跃腾空去。"就这样，我采用诗教释名的方法解开了他的心理疙瘩。

你是否也特别关注名字这一奇妙的德育资源？快给名字灵动的生命，让神圣的形象大使飞起来！

且把"教参"变"学参"

那是在 20 世纪 80 年代末期，记得我的教学参考书曾经连续几次不翼而飞。在学生心里，教学参考书是一本神秘之书，它无异于一件"万宝囊"，老师课堂上讲的东西，考试考的东西全部被一书打尽。尽管老师喜欢学生借书读，但是，老师一般最忌讳学生借教参读。如果学生一定要借，老师一般会说："老师的书，不是你看的。"其实，老师骨子里最担心的是学生看了教参会揭穿老师的浅薄。老师照本宣科地传达教参信息时，硬是要装出"这是我的理解"的伟大和不凡。不少教师都是凭借一本教参成就一生的"学问"的。想来实在可悲。

几次教参的丢失给了我莫大的启发：既然学生愿读，为何不干脆每人一本让他们读？于是，我曾经连续四个学期给学生订阅教参，就此书店还专门来人查证教参是否订错了数。来人惊奇地问："哪有一个学校订上百本教参的？"不少人对我的做法不能理解。这样一来，教参不再是老师的"专利"，教参一下子变成了学参。就是这一招，带来了课堂教学的巨大变化。教参的阅读让学生的自学成为可能。诸如背景材料、作者作品简介、课文分析等内容的阅读，不仅丰富了学生的知识面，而且帮助学生更深入地理解了教材。在此基础上，老师再对课文进行讲解，自然就多了几份个性的色彩。个性是"逼上梁山"的产物。只要有现成的东西，创新就有了退路。思维的懒惰甚于肢体的懒惰。思维的懒惰足以关掉所有的智慧之门。教师只有摆脱了教参的支配，才会找到独立的"自我"。有了"自我"，教材才能找到交往的朋友，才能找到认识的投入。没有教师"自我"的站立，学生"自我"的生存就不会成为可能。这四个学期我对教材的认识特别深刻，学生考试成绩也一路领先。

　　朋友，你有勇气吗？快把教参交给学生！

第八章

就怕突然说放弃

　　新教育实验有个理念："只要行动，就有收获。只要坚持，就有精彩。"仔细想来行动和坚持属于两个层次。靠一时冲动，立即行动的人为数众多，但是能够持之以恒的人比例并不算大。从历史上看，不管做任何事情，一曝十寒而成就大事者古来无有。许多人生的光彩暗淡，多不是能力不及，而是输在放弃。

逃出苦海奔前程

我一直在为教师的生存现状感到担忧。不管什么时候，问我们的老师："最近，工作感到怎样？"回答总是一个字："苦！"假如教育只有"苦"，那么教育就失却了人道。从教一生，苦累一生，心酸一生，疲惫一生，教学便成了一种刑罚，这样实在呜呼悲哉！但是，我们又似乎无法回避教育的苦海状态。我们必须思考，苦过了，累过了，后面总应该有点什么，幸福和快乐是否就深藏于后？

没有快乐，苦还有什么价值？没有幸福，再累也没有意义。

没有幸福和快乐的"苦累"，多是在被动状态中滋生的应付和蛮干。

我想起了几句歌词："再也不能这样活，再也不能这样过，生活就得前思后想，想好了你再做。"

在我的教学生涯中，也有过这样的"苦累期"。是研究让我找到了通向教育幸福的阳关道。教育生活一旦成为我们研究、探索、创新的资源，幸福就会不期而至。研究不管是其过程，还是成功当中，都伴随着一种"幸福美感"体验。这种体验便是对生命的滋养和回馈。

一次，到张店莲池小学做报告，一到门口，"莲池"这个校名让我眼前一亮。从研究的视角，我在思考"莲池"这个品牌作为教育资源的价值。几句诗句跳了出来：

"江南可采莲，莲叶何田田……"

"……出淤泥而不染，濯清涟而不妖，中通外直，不蔓不枝，香远益清，亭亭净植……"

"小荷才露尖尖角，早有蜻蜓立上头。"

莲的孤傲、纯洁、卓然、高尚，恰恰可以作为学校文化的内涵追求。莲池人要追求"纯洁、高尚"岂不是有了一个雄辩的理由？

假如没有一颗研究的心，没有研究的习惯，这一发现就会因为懈怠而搁浅。

把教育生活作为研究资源，用研究的眼光审视世界。幸福会缠绵着幸福，快乐会衍生出快乐。朋友，你不妨试试看。

做人要做这样的人

最近，读了几本汉字研究的书，从文字学的角度，探究古人造字的原始智慧，对于理解人之为人，启发多多。

古人依据人的形状，用象形的方法造了两个字：一个是作为侧视图的"人"字，一个是作为正视图的"大"字。前者，甲骨文和金文"人"字像一个侧立的人形，这个人还向前伸出了一只手。隶书以后字形变化较大。楷书"人"字成为一撇一捺。人是肉体和精神的统一。一撇，征象躯体；一捺，征象精神。作为一个人，对生命的尊重，和对精神的追求，同样具有人性的意义。后者，让我们认识万事万物唯人为"大"，而且，人之为"大"没有型号区别，不会因为你是领导，你是富人，你就有资格占据"一号大"、"二号大"的荣耀。但是，人类又似乎存在同类歧视的劣根，往往容易把自己看大，而把他人看小。人太容易被"工具化"。人永远不能看小，应该成为我们生命的终生提醒，尤其是每一个领导者。这里有一条人性指数定律：当一个领导者把人看大的时候，他的人性指数同样增大，反之，其人性指数相应减小。

人字还有下面的排列组合：

"比"字，字形像右侧立的两个人一前一后并靠着的样子。本义是"并列"，引申为"比较"。幸福和痛苦都产生于比较之中。把握比较的艺术，是人生的责任。

　　"从"字，甲骨文写作两个左侧立并靠着的两个人字。字的本义是"跟随"。人要学会服从，学会执行。服从和执行是人的天职。日常工作的"折扣"，必然导致一个廉价的人生。

　　"北"字，甲骨文写作两个背靠背的人字。本意为"败"。人只要缺少沟通，没有对话，忽视交往，忘却互动，其结果必"败"无疑。正如斯坦利·C.阿林所说："当今世界上最有用的人，就是那些知晓怎样跟人交往的人。人际关系是广阔的生活领域内最重要的科学。"

给追求一个理由

"给我一个理由，让我去追求……"平时我喜欢哼唱这句歌词。人生不能没有追求，不能没有目标。高尔基有句名言："一个人追求的目标越高，他的才力就发展得越快，对社会就越有益。"这话虽然经典，但是，觉得有些空泛。追求需要有个理由。这个理由能够回答"为什么"和"是什么"的问题。那么，这个理由是什么呢？我的答案是使命感。

使命感是一种精神，是在此基础上产生的义务行为。奥尔登·帕尔默说过："我们降生到世上不是为了混日子。我们有工作要做，有责任要担当。人类需要我们每一个人的聪明才能。"

2003 年 9 月，组织决定让我到齐陵街道中心校担任校长职务。作为一个全国优秀教师，一个地市级学科带头人，出任这一职务，应该有所贡献，于是，我开始思考我的使命：农村教育究竟怎样改革？教师该如何成长？素质教育如何推进？我有责任凭借这个角色，探索出一条路子。使命的担当，激发了工作的热情。在两年当中，两个教育园区基本完善，教育资源得到重新整合。投资 10 万元抓教师成长，先后聘请李镇西、苏静、赵公明、陶继新等 8 位教育大家到齐陵做报告；带领校长、教学能手、学科带头人参加 4 次全国教育研讨会。50 名教师在教育在线建立了随笔专辑，教师成长步入了快车道。集中力量抓脚印文化建设和"零缺陷"质量管理，教学效益不断提高。

2005年9月，教育局班子调整，因工作需要，我又被调回临淄区教研室干副主任，分管全区的教育科研和教师发展工作。于是，我又把教育科研的转型和全区6500名教师的发展作为一份使命，多方协调，启动新教育实验。"十一五"期间，立足于通过新教育实验的"六大行动"，实现"五个转变"。"六大行动"——营造书香校园；师生共写随笔；聆听窗外的声音；双语口才训练；创建数码校园；构建理想课堂。"五个转变"——改变学生的生存状态；改变教师的行走方式；改变课堂的教学模式；改变学校的发展模式；改变教育科研的传统范式。

使命不能仅仅停留在意识的层面，唯其行动才有价值。使命的选择，需要义无反顾地奋斗。让我们谨记格伦维尔·克莱泽的教诲："当你选定了一项伟大的人生目标（你当然是做了充分的和明智的选择），你就要集中在这个目标上，把你最大的精力献给它。要抵御住可能将你从这个目标引开的、狡猾的、数不清的诱惑，用这个伟大的目标来确定你每日的生活目的。你的思想和时间将会受到许多事物的牵扯，你要努力采取某种特殊手段来使自己免受这些牵扯。要使你的决心明确而坚定，以至于任何事情都无法将你从通往你选定的目标与职责的道路上引诱开。用行动代替梦想，用成就代替希望。世界上的伟业是那些目标专一、精力集中的人完成的。"

别老想那顶 "帽子"

有这样一个故事：一个孩子掉到海里，一个老水手不顾个人安危，跳到冰冷的水中奋力与风暴搏斗，最后，在精疲力竭的情况下终于把孩子救上岸来。两天之后，孩子的妈妈来到码头上，找到那个救起孩子的老水手，问道："你就是那位救了我儿子的水手吗？""是的，我救了你儿子。"水手回答道。孩子的母亲很快追问说："那好，孩子头上戴的帽子怎么找不到了？"

试想，在孩子生命危在旦夕的情况下，一顶帽子又算得了什么？如果水手再去捞帽子，孩子的命也许早就没了。这个故事折射出许多人的弱点：只注意到生活中还有哪些不满足，而不去考虑美满的一面。孩子得救，非但不去谢救命之恩，反而为一顶帽子责怪水手。

整天老想那顶 "帽子" 的人太多了。10 年以前，我曾为那顶 "帽子" 苦恼过。总觉得自己贡献太大，社会欠我的太多。眼下，同仁之中为那顶 "帽子" 所累的不在少数。贡献和获得的守恒，不是用数学或者经济学的公式能够计算清楚的，在很大程度上，仅仅是一种感觉。贡献膨胀是大家普遍的感觉。而且，贡献大的往往觉得小，贡献小的往往觉得大。"负获得" 会削减贡献量而形成 "负贡献"。不少人的消极怠工，其实都是 "负获得" 的吃亏心理在作怪。社会往往不以人的意志为转移。老想那顶 "帽子" 的人，总是得不到那顶 "帽子"，甚至连 "孩子" 也会丢掉。转换一下想法也许别有洞天：今天我还差 10 块钱的活呢！这样不就找到奋斗的理由了吗？

朋友，何苦呀，别老想那顶"帽子"！

且把报告作资源

有一个很现实的问题值得思考：你会听报告吗？我的做法是：且把报告作资源。

我主张不要轻易给报告做是非评价，要建立资源意识，看它能否为自己带来研究的资源，抓住一些资源点，做深入的思考，多问几个为什么。一次市级培训我运用报告资源形成了如下案例：

［案例 1］ 三百多人溜号说明了什么

2月6日，培训班第一天安排重头戏，请山东教育学院周教授作关于课堂评价的报告。下午3点以后，全场五百多人已经只剩一百余名。报告组织者几乎全部离会，下午临近结束复回现场。5点左右报告结束，组织者发表感慨，通报三百多人溜号的情况，并对依然在场坚持到底的学员提出警示。我在思考，为啥会出现这样的情况？原因大致有四：其一，天气原因。那天突降中雪，远程学员返家困难，于是早走赶车。此人之常情，可以理解。沂源县因大雪封山干脆来不了。其二，报告组织失误。全场缺少管理，如果引入数学机制，学员编号按区县安排座次，哪里缺了昭然若揭，溜号者想必能够减少。其三，报告人没有很好照顾听众实际。谈评估，只是满足于一般性的原则和目标，几乎没有涉及可操作性的内容和方法，依然有大而空的感觉，没能充分调动教师听下去的兴趣。我一直认为，报告者必须确保要讲的话，让听众不听太难。否则，就可以取消这个报告。我斗胆狂言，我的报告，不管是面向教师还是学生，抑或是学生家长、普通听众，冷场的时候迄今未有。如果走不到听众心里，仅凭修辞艺术是无法奏效的。其四，听众的浮躁心态。知识残缺度越大，越不愿意接受知识。"排他心理"是心灵荒芜的屏障。宽容作为一种品格，很重要的一点就是如何面对他人的启迪。

［案例 2］ 课改扯皮谁之过

我曾在《山东教育》发过一篇《课改忧思几时休》的文章，文中涉及课改主管部门各自为政、推诿扯皮的时弊。本次培训进一步印证了我的观点。寒假、暑假的新课程培训皆由省市教师教育处（办公室）操作。教师教育处（办公室）属于行政处室，新课程的实施多需要主管业务的教研室指导。非常遗憾的是，本次新课程培训市教研室成了局外人。行政与业务的处室壁垒日趋坚固。现在的情况是，部门各自为政，已经形成惯例，只要一方拥有利益支配权，一般不邀请其他部门参与，纵使邀请，也往往因为利益分配难以协调，其他部门多采取袖手旁观的态度。真的非常滑稽，新课程要求贯彻合作精神，培养团队意识，谁料想，在上面就已因部门利益使合作化为泡影。我在想，假如几个部门合作一把，培训效果岂不是更好！如若不然，就把培训经费化为"培训券"，让几个部门同时操作，让教师自由选择，谁办得好就让谁多得几个钱。有了竞争，一定就会有活力。

［案例 3］五百遍"尴尬"的尴尬

有一个老师，因为学生一再把"尴尬"一词写错，一气之下竟让学生连写"尴尬"五百遍。家长看到这事，一纸诉状告到教育局，这个老师因此受到处分。乍一听，一般人都会将此定义为机械作业。在我看来，远不止如此，这里面透露出教学方法的残缺。不少老师只是满足于让学生记住什么、理解什么、掌握什么，至于究竟怎样掌握自觉并无责任。有无方法的设计和生成，是一般教师和优秀教师的区别之一，也是教学效率高低的关键因素之一。

譬如，"尴尬"的识词教学，如果老师能够从造字法的角度把字的意义说明白："尴"、"尬"皆为会意字，长"尢"表示多，"监"指监狱，"介"字为枷，合并会意为"多次进监狱"，"多次带枷"，那种感觉，就叫"尴尬"。还可以类推"染"字，有些人总习惯把上右的"九"写为"丸"。如果学生知道古代燃料是从木本植物中提取，染东西必须放在水里多次涮染才行，那么，"九"上就不会再出现多一点的错误。字词教学如果能让学生产生意义联想，生成字的具象，学生多能终生不忘。方法之有无，其结果大相径庭。

就怕突然说放弃

新教育实验有个理念："只要行动，就有收获。只要坚持，就有精彩。"仔细想来行动和坚持属于两个层次。靠一时冲动，立即行动的人为数众多，但是能够持之以恒的人比例并不算大。从 2003 年开始，我进入新教育实验，与教育在线结下不解之缘。当初，有些实验学校已经远离实验，不少曾经熟悉的教育在线网友也已经很少上线。新教育实验也在大浪淘沙，教育在线不断出现网民更迭。当然，作为一项实验，学校和教师有选择的权利。但是，从历史上看，不管做任何事情，一曝十寒，而成就大事者古来无有。许多人生的光彩暗淡，多不是能力不及，而是输在放弃。

传说苏格拉底对他每一批新入学的弟子都会说："今天只学最简单也是最容易的功课：甩手——自然站直，尽力把你的双手往前甩，然后再尽力往后甩。"说着苏格拉底示范做了一遍，又让学生们做了一会，临下课说："从今天开始，每天做 300 次，你们能做到吗？"

这位学富五车的大哲学家，教的第一课却如此简单，学生们都笑了，齐声说："做得到。"

苏格拉底又叮嘱道："每天甩 300 下，明白吗？"学生又齐声回答："明白！"一个月后，苏格拉底问学生们："每天甩手 300 下，哪些同学做到了？"有 90% 的同学骄傲地举起了手。又过了一个月，苏格拉底又问，

80％的人举手表示坚持了，但偶尔有忘记做的日子。

从此苏格拉底再没有询问，直到一年之后，他突然问道："诸君坚持每日 300 次的甩手了吗?"整个教室里鸦雀无声，只有一人举起了手，这个人就是柏拉图。

坚持是一种品质，而且是成功人士的共同品质。缺乏坚持的任何期望，纵然再好，也只能随风飘散。坚持需要一种精神，一种时不我待，只争朝夕的精神。这种精神来源于使命，使命的数值等于行动"脚印"的延伸数量之和，"脚印"间断便失去了累加的条件。

选择坚持，就是选择高尚。选择放弃，就是选择平庸。

朋友，请把使命扛在肩上，学会说："决不、决不、决不放弃!"（温斯顿·丘吉尔）

生命需要回应

有一个小男孩跟他的父亲走在山中，小男孩不小心跌倒了，忍不住痛地大叫了一声"哇……喔"。但是令他吃惊的是，他听到了一个声音从山中的某处传出来，重复他的声音"哇……喔"。他很好奇地大声问："你是谁？"结果他得到的答案也是"你是谁"，他很好奇地问他父亲："到底怎么回事啊？"父亲笑着跟儿子说："儿子啊，注意听喔。"父亲大吼了一声："我钦佩你！"结果另一个声音传回来的也是"我钦佩你！"小男孩感到非常的讶异，但又不解。此时父亲向小男孩解释说："一般人们称这是回音，但实际上这是'生命'。你所说的、做的每一件事最后都会响应到你身上。我们的生命就是很简单地响应我们所做过的事。如果你要这个世界有更多的爱，那么你就要在你的心中创造更多的爱；如果你要更优秀，那么你也要先让自己更优秀。生命中没有意外，它就是你的反射。"

记得2004年暑假，宝应新教育研讨会期间，我曾接受过《人民政协报》《新闻周刊》《教育参考》等媒体的采访，当时，有记者问："教育网站许多个，为什么教师偏偏痴迷教育在线？"我当时阐发了如下体会："表达是一种生命价值，也是生命的义务。作为表达文本呈现的帖子，最需要的是回应。回应就是对生命的关爱。没有回应，思想也会孤独；没有回应，生命也觉得孤单。回应是生命的激励机制。"回应，首先得有对象文本。眼高手低，只读帖，不写帖，这是不少人的通病。我曾经多次用"空帖期待"的方法，帮助老师进入在线。所谓"空帖期待"，就是在有些老师缺乏建立随笔专辑勇气的情况下，先帮助这些老师挂上一个空的主题帖，这叫作"写不写，先挂上"。这个时候，老师们就会产生"补缺"心理，有些专辑就是在"填空"中坚持下来的。其次，别犯"回应焦灼症"，自己发了帖子，总是希望能有多的人给予回应，每日多次打开帖子看回帖量。这里有个秘诀，多回他人的帖子，自己的帖子才会有更多的跟帖。经常把别人的帖子捞上来，别人才会把你的帖子捞上来。

干好不感兴趣的事

我知道有些朋友看到这个题目一定会骂的。"'兴趣是最好的老师。'怎么,连这点常识都不懂吗?""不感兴趣的事为什么要干?"朋友,别发火。请想一想,不管是你上学的时候,还是教学的当下,你每天都是在做感兴趣的事吗?不是吧?其实,任何人都在做两类事情,一类是感兴趣的,一类是不感兴趣的。人一辈子不会只干感兴趣的事,这是不必争论的社会现实。问题的关键在于:我们究竟怎样对待不感兴趣的事。我想到了美国西点军校的校训:合理的要求是训练,不合理的要求是磨炼。

余世维博士在《赢在执行》的报告中曾列举了这样一个案例:

一个冬天的晚上,9时许,西点军校一位军官给他的部下一个任务:"手套脏了,请洗一下。明天早上6点要用。"部下接到指令,立马回宿舍帮军官清洗手套。洗手套并不难,难的是把手套弄干。部下先是把手套洗净拧干,再拿干毛巾包起手套拧。到了凌晨3点,又把手套靠在窗口,晃动双手,让风把手套吹干。等到早上6点,部下准时把干手套拿到军官手上。假如这个部下借口太多:"长官,晚上没有太阳,干不了咋办?""长官,能先换一双手套吗?"这样"鱿鱼"会很快被炒掉。"炒鱿鱼"这道菜,往往是用"借口"当佐料。"借口"根植于"不感兴趣"。在学校里,我见过经常对不感兴趣的事说"不"的老师境况的窘困,评估排位居后，待岗首当其冲。尽管对不感兴趣的事说"不"的人不乏创新之才，但大多沦为"刺头"。"刺头"虽然可以孤芳自赏，然而，列为优秀者一个没有。他们的损失多以人格尊严侵害为代价。

人的兴趣选择和社会选择时常出现矛盾。兴趣生存是一种理想状态，责任生存才是一种实然状态。从某种程度上说，干好不感兴趣的事是一种更高的层次。

我还是想现身说法：尽管我自觉觉悟还算可以，每天也会面对一些很难说自己感兴趣的事，但是，我不敢因为不感兴趣就敷衍了事。我追求每一个细节、每一个层面、每一个环节的完美。

我还想到了三件事：一是，只要你没有决定老板是谁的权力，就一是要学会为不喜欢的老板做事（事本来就不是老板的）。不喜欢老板＋做不好事情＝个人事业的失败。二是教育学生学好不感兴趣的课程。诸如，语文课老师总好问："你喜欢哪一部分？"难道不喜欢的就可以不学？三是实现兴趣的迁移。努力将不感兴趣的事情找到兴趣联系，化无趣为有趣。

这些观点你认同吗？

第九章

我的课典我的爱

2011年，《中国教师报·现代课堂周刊》为我开设了
《春祥课典》专栏。《春祥课典》曾作为《现代课堂周刊》
的品牌栏目，受到全国读者的喜爱和好评。众多教育网站、
学校网站纷纷将专栏文章作为重点文章予以转载推荐。
《春祥课典》相伴《现代课堂周刊》，为全国的课改摇旗
呐喊，逐步形成了自己的栏目风格：立足草根的课改实践，
关注课堂的活的情景，信奉真切的生命体验，坚守实操承
载理念，坚持用通俗注解深刻，拓展独立的话语系统，让
读者一读能知其然，一想能知所以然，一做就能见到改变，
一坚持就能乐"改"不疲。

自主花儿六瓣开

我习惯于把"自主"、"合作"、"探究"、"效率"、"快乐"比喻为新课堂的五朵金花，今天，咱们暂且放下后面四朵不表，单表"自主"一朵。话说全国都在倡导素质教育，有一个问题恳请大家思考：请问，学生的核心素质应该是什么？答曰，自主学习能力。诚然，自主学习能力永远是立学之本，立生之本。诸位再想："自主"这朵金花究竟花开几瓣？在下为你一一道来。

第一瓣：目标。自主学习要高效，全靠目标来引导。诸位读者朋友，做个互动咋样？请问，你刚刚上完的那节课，"知识与能力"、"过程与方法"、"情感态度与价值观"的目标各是什么？如果，你将"过程与方法"分别隐于流程与学法指导，那么，知识目标、能力目标、情感态度与价值观目标有具体"点"的规定吗？我曾经不止一次地在听完课后问及这样的问题，遗憾的是回答多很茫然。纵观面上的新课堂实践，目标不够具体几乎已经成了一种通病。课堂目标不具体，自主就会无压力。那么，如何才能把目标具体化？最起码要做到以下两点：一是"见类"；二是"见点"。所谓"见类"，就是当你把"过程与方法"融入流程之后，建议把目标分为"知识、能力、情感"三类。所谓"见点"，就是具体到，知识两三点，能力两三点，情感一两点，总共六七点，课堂准能完。需要特别强调一点，目标具体到点，并不是对教材文本的肢解，而是为了学更有针对性。分的时候，一定要想到合，要皈依到"点线面体"的系统。

第二瓣：流程。一学是"三学"，独学、对学和群学。"三学"之间的关系是，独学是基础，对学是关键，群学是攻坚。在课堂调研过程中，我经常会这样问学生："你有问题先问谁？"多数回答是"问组长"、"问老师"。这就暴露出对学的缺位。更可怕的是独学的缺失。新课堂中的合作学习，很容易犯群学强势症。群学的强势，看上去很热闹，实际上很低效。所以，自主学习一定要讲流程，讲规范。对"三学"的时间分配，原则上独学占六，对学、群学占四，并且要特别保障独学的不可或缺。

第三瓣：方法。"学贵有法"，"学贵得法"，"方法比知识更重要"。道理大家都懂。但是，我们又不能不说，忽视学习方法的指导已经成为新课堂实践的瓶颈。其具体表现有两点：一是在自主学习过程中，教师能给予具体方法指导的普遍少见，多习惯于下达学习任务，至于具体怎么学，便以为是学生自己的事情。二是教师也很少追问学生"你是用什么方法学会的"，导致学生普遍缺乏学法理性。

第四瓣：分享。如果说自主学习的核心价值在"内化"，那么，分享就是通过"外化"对"内化"的检验和强化。自主因分享而精彩。在小组合作学习过程中，分享是一个关键环节。换言之，分享也可以叫作组内"小展示"。由于条件所限，在"大展示"不能保障全员参与的情况下，确保组内全员享有"分享权"，就越发显得重要。分享也要注重流程，分享交流顺序一般情况下应提倡依照学习层次由低到高展开，这样有利于差异化生成。

第五瓣：评价。"五步三查"规定，独学之后一定要跟上"一查"，这是很有必要的。独学能力的提高靠的是独学之后"一查"评价的激励。在新课堂实践中配置以"双色笔技术"把独学成果和对学、群学成果加以区分。这几个细节，请大家在自主学习环节的实操中特别予以重视。

第六瓣：习惯。自主最终是习惯。如果自主不能进入潜意识，那么，自主就会沦为"被自主"。自主作为一种学习习惯，并不是在课堂上凭空产生的。自主学习来源于自主思考，来源于自主生活。判断学习自主习惯有两块"试金石"：一是看你是否有自立生活的习惯；二是看你是否有课外阅读的习惯。这也让我们进一步明白了一个道理，自主学习的习惯养成，有些功夫在课外。

展示应突破的六个瓶颈

"展示"作为高效课堂的核心环节，在课改中的价值日益凸显，大家普遍认识到，生命因展示而自信，课堂因展示而精彩。然而，在课堂"展示"环节的具体操作中，我们时常发现一些细节不够规范，以下六个瓶颈应予以突破。

版面浪费

黑板，作为课堂的传统媒介资源，按照高效课堂的课堂常规，一般都需要设置三面。不少高效课堂实验校，也都纷纷效仿杜郎口中学在教室中添加了黑板，但是，由于对黑板的价值缺乏认识，黑板版面浪费的现象比较严重。尤其是随着多媒体的使用，黑板的价值越发容易被人忽视。在高效课堂中，黑板是学生展示的舞台，是学生学习成果分享的荧屏，是学生绽放自信的田野，是学生实践创造的阵地。高效课堂的密码之一就是：把学的"黑箱"，变成展示的阳光。"说一说"，总不如"写一写"来得实在。谁如果能把学的实况用黑板加以"转播"，其效率自然会得到强化。什么时候看到黑板不用就心疼，什么时候你对黑板的价值的认识就到位了。高效课堂规定，每组至少一个展位，一个展位每节课至少要用一次。不用黑板可以定义为教学事故。为确保黑板利用充分，建议用以下工具对黑板利用率进行专项评价。黑板利用率＝实际使用展位/总展位。

念展念答

课堂的本质在于内化和外化的统一。内化的充分才会有外化的潇洒。我们时常发现在课堂展示过程中，有些学生或依据导学案照本宣科地念，或面对黑板自言自语地说。我们把这样的展示称之为念展念答。如今，念展念答已经成为课堂的顽疾。念，其实依然是从"外"到"外"的过程。内化的"黑洞"，就是效率的"黑洞"。课堂上，如果没有背水一战、破釜沉舟的意识，内化就一定不会彻底。念的本质在于文本依赖。有依赖，思维就不会顺畅，表达也就不会流淌。

零性展示

所谓零性展示这里专指一种展示的误区：有些课堂，片面理解全员展示，不惜把系统的知识模块机械地化整为零，变成一人一句的接龙串词。全员展示的本质是全员参与。一个人或几个人的展示成果代表的是小组团队集体的智慧。全员展示还有一个潜台词是人人都能展示。至于究竟谁能进行课堂展示，最好的办法是用数学的随机抽样确定。展示机会的全员均等是一种机制。

缺乏规范

杜郎口中学课堂展示歌大家都比较熟悉："我自信我最棒，聚焦点处来亮相。胸挺直头高昂，面带微笑喜洋洋。嘴里说心中想，脱稿不再看师长。吐字清声洪亮，嗯啊口语别带上。一握拳一挥掌，肢体语言能帮忙。展示完忙退让，褒贬评价记心房。"熟悉这段话很容易，做出来并不容易。有些课堂不讲展示规范，只关注内容和环节的推进。学生不规范的展示习惯，是在教师于课堂上一再容忍不规范展示行为的基础上形成的。制定明确的展示规范要求，培养学生规范展示素养，强化展示规范评价，是突破这一瓶颈的有效途径。

时间失控

以展示课为例，展示环节一般用时 30—35 分钟左右。如果再分配到 6 个组，一个小组只有五六分钟的时间。除了板演可以共享时间之外，其余时间都要线性延展。所以，时间失控在实验校屡见不鲜。要想时间不失控，就得从细处调整。板演用时一般不应超过 5 分钟。要特别注意训练学生的板演速度。板演的量要与分配时间匹配。学生讲解一般提倡 1 分钟表达（1 分钟，200 字），最多 3 分钟。纵是完不成，展示也应停。这样一是可以倒逼展示准备更充分，二是能够确保展示时间的均衡。

形式单一

一般的课堂上，展示除了板演就是讲解，展示形式过于单调。高效课堂追求生命的狂欢。单一的展示形式成了生命狂欢的瓶颈。要促成展示形式的多样化，一是导学案上要有预设和指导，二是课堂要进一步开放，三是要有展示形式评价。展示形式要富有创意，诸如：一板（书），两读（朗读、诵读），三歌（唱歌），四演（表演），五画（图、画），六舞（舞蹈），七作（文），八操（操作实验）等，让学生在狂欢中尽享快乐和自信。

"展示权"产生机制的转型

——从"钦定"到"自动"

所谓"展示权",应该属于新课堂的新概念。它主要是指进入展示环节的时候,究竟几个组参与展示,每个组有谁,或者哪些组员上台展示等权利的确认。在课改调研中我们经常发现这样一些现象,每每到了展示的时候,老师会行使"点名权""钦定"某组、某人到某展位进行展示。我们不妨把它定义为"展示权"的"钦定"机制。"钦定"言外之意,关键时刻老师说了算。如何实现"展示权"的确认从"钦定"到"自动"的转型,这是新课堂实践中一项亟须升级的实操技术。

从"钦定"到"自动"转型的主要原则有二:一是机会均等原则。确保展示机会均等,不仅仅是要保障人人都有展示的机会,其更深层次的价值是确保人人都"准备着,时刻准备着"。在课堂上,需要特别呵护的是学出来的"展示的冲动"。在这一点上我们不能不佩服一人一个展位,人人都能展示,人人都要展示,从而实现展示机会最大化的彻底改革。一般的课改学校,多在这一环节上打了折扣。当每组只有一个展位的时候,机会均等才成了问题。二是差异化原则。好的课堂展示展示资源应该具有必要的差异化。展示最重是差异。差异是资源。对于课堂生成来说,对和错具有同等重要的资源价值。单层展示,尤其是优生展示应该特别引起警惕。

从"钦定"到"自动"转型的方法。好的机制都不是现场某人说了算。鉴于每个小组一般多为6—8人，采取数学的简单随机抽样便可迎刃而解。简单随机抽样，就是从小组总体成员中，任意抽取某个或几个成员作为样本，使每个成员被抽中的概率相等的一种抽样方式。一句话，一件事，就是小组抽签。每个小组准备一个签筒，把组员做成签放在里面，展示的时候，摇一摇，抽一抽，谁中签，谁展示。为了公平起见，还可以异组抽签。这种方法公平、简捷、高效。诸位不妨一试。

追加几点友情提示。1. 关于展位的定位。新课堂的展位都应该定位清楚，定位后，多学科通用。大凡现场安排，就标志着你还没有进入新课堂规范的门槛。2. 关于单组展示。新课堂展示是一个群体活动环节，只要是展示就是所有小组都上，单组展示，重点组展示都不可取。3. 关于典型资源的"钦定"。教师在巡视过程中发现的典型资源，没有机会展示的时候，教师可以"钦定"补展，这样既可以彰显典型资源的价值，也可以对样本偏差给予矫正。

展示：从"知本"到
"能本"跨越的六个台阶

新课堂的基本流程模式："预习—展示—反馈。"展示是新课堂的核心环节。生命因展示而自信，课堂因展示而精彩。在新课堂实践中，展示这一环节普遍得到重视和强化，这一进步难能可贵。但是，具体研究这个环节，我们发现有"两多两少"现象应该引起大家的关注和研究，即："做题讲题的多，动手操作的少；记忆背诵的多，创新拓展的少"。"两多两少"现象的存在，标志着课改依然在"知识本位"徘徊。如果说实现课堂模式的基本转型是新课堂的第一次革命，那么，实现从"知本"向"能本"的跨越可以称之为新课堂的第二次革命。那么，究竟如何实现新课堂从"知本"到"能本"的跨越，笔者认为需要跨越六个台阶。

转观念

经常听有些老师抱怨，高考不改课堂怎么改？我们只能说这是抱残守缺的一种托词而已。实事求是地说，这些年高考和中考不管是内容还是方法，都在发生着很大的变化，概而言之，最大的变化就是从"知识本位"逐渐变为"能力本位"。亲爱的读者朋友，你不妨用谷歌输入"高考"空格"能力本位"，回车既得"165，000"条相关信息。高考、中考回归"能力本位",已经从构想变为实操,这是不争的事实。所谓"能力本位",就是以创新精神和实践能力为本。新课改追求以人为本,以人为本的实质就是以培养学生的创新精神和实践能力为本。但是,纵观全国的课改,课堂上"知识本位"依然根深蒂固。评判的标准其实很简单:我们不妨将这类课堂归之为"三零"课堂,即:"零自主"—"零合作"—"零探究"。传统"应试"的惯性,已经内化为不少教师的课堂潜意识,改变太难。亲爱的老师,纵然是"应试",现在人家也都"能本"了,咱总得服这个现实的理儿吧?别再老是"让我改,考不好咋办"。醒来吧!请思考"改不好,该咋办"。

换目标

新课改主张"知识与能力"、"过程与方法"、"情感态度与价值观"三维目标全覆盖。现在的情况是,依然有相当数量的学校和教师不执行这些目标制定的"规则",比较多见的是罗列几项教学任务却称之为"教学目标"。在课改的具体操作中,我们提供这样的目标设计策略:"过程"归于流程,"方法"蕴含其中。主张流程各环节要具备"3W",即:"When"(什么时间);"what"(什么事情);"What method"(什么方法)。之后,要建类:1. 知识;2. 能力;3. 情感(态度与价值观)。三类目标本着"知识两三点,能力两三点,情感一两点"的原则具体加以设计。眼下,最大的挑战是,重构中小学分学科知识、能力、情感目标结构序列。三维目标最大的优势是不再将知识的获取作为课堂学习的目的,而是作为能力和情感的中介,为能力发展和情感态度价值观的形成提供系统的实践空间。三维目标的系统构建,是"能本"课堂的基础工程。

变问题

在《导学案的问题诊断与矫正》一文中，已经指出，在导学案设计中应该实现从"试题化"向"问题化"的转型。如果用一句话概括课堂的本质，课堂就是"基于问题的解决"。要实现"能本"课堂的转型，问题类型需要走向多元和创新。"知本"课堂的问题类型以呈现型问题为主，"能本"课堂则更注重发现型和创新型问题的导引。最近，课堂调研中有些案例值得我们思考：一堂高中的生物课，课题是《生物的遗传和变异》，教材中设计了一个探究活动：对 30 粒花生进行观察、测量、统计、比较，说明生物遗传变异的现象。在具体操作中，因老师担心探究活动耽误时间，于是活动"变异"为揣测与推想。一堂高中化学课，课题是《元素周期表·核素同位素》，课后分明有一个根据所学知识自制《元素周期表》的创新性作业。但是，老师干脆就没有提及。该动手时不出手，探究能力何时有？建议学校在导学案评价时将问题类型转型设计专项赋值评价，切实保障发现型、创新型问题得以落实。亲爱的老师，请在课堂设计过程中，经常问一问："我发现了吗"，"我创新了吗"。

讲生成

"能本"的课堂一定是生成的课堂。生成的本质是创新。"知本"课堂对学习结果的评价多是是非评价，而"能本"课堂对学习结果总是寄予生成的期望。课堂所有预设的"应验"，都与生成无关。生成一定是即时智慧的爆发，是思维灵感的突然"驾到"。记得一次上小学语文课，课题是《伯牙绝弦》。其中有个情节是仿句练习：请模仿一下句式，"志在高山，钟子期曰：'善哉，峨峨兮若泰山！'志在流水，钟子期曰：'善哉，洋洋兮若江河！'试想伯牙还会志在什么？子期又有怎样的答对？"
结果出现："志在明月，钟子期曰：'善哉，皎皎兮若明月'！志在白雪，
钟子期曰：'善哉，皑皑兮若白雪！'"前后物象雷同，进入了生成的"高
原"。就在这时，我又提出了更高的要求："看谁能在后面的句子中不出
现与前面雷同的词语？"两分钟后，出现了"皎皎兮若玉盘"、"皑皑兮若
（'白棉'继而'白絮'）梨花"等精彩的创造。教师在课堂上多一些生成
的期望，学生一定会多一些创新的惊喜！

新评价

　　课堂的转型呼唤评价的转型。"知本"课堂的评价多关注知识掌握的
精确、规范以及效率。"能本"课堂则更关注探究的过程、知识的运用、
生成的多元、创新的价值。"知本"的课堂评价是静态的，而"能本"课
堂的评价是动态的。"知本"课堂评价是单向的，"能本"课堂的评价是
多元的，系统的。关注"能本"目标、"能本"问题，关照"能本"生
成、"能本"实践是"能本"评价的实操要件。

重实践

　　能力只有在实践中才能得到检验。知识的学习是学科化的，而实践
则必须冲破学科壁垒，走向系统和综合。能力的价值在于通过知识的中
介，沟通知识与生命、与时代、与社会、与生活的联系。"能本"课堂呼
唤以学科为切入点，通过研究性学习等渠道，促进学生实践能力的提高。
当学生面对时代的、社会的、生活的问题情境，能够产生解决问题的冲
动，并能把自己所学知识应用于具体实践过程中的时候，创新就会应运
而生。

点拨？点燃！点评？激励！

在新课堂实践中，点拨与点评的实施很容易混淆，最常见的问题就是以点评代替点拨。其实，二者的功能有着明显的区别。点拨重在生成，而点评则重在评价。必须指出，点拨也好，点评也罢，都应该充分发挥教师的引领作用。之所以出现以"评"代"拨"的现象，是因为课堂过于平板化。有些点评浮在表面，千篇一律，没有深度。诸如"你的展示姿态大方，声音洪亮，内容完整……"当点拨流于形式，没有学科细节滋润，点拨就会沦为干巴巴地点评。

好的点拨应该是点燃。记得听过小学语文《自己试一试》一课。文中说的是一位科学家在学校里向孩子们提出一个奇怪的问题。他在盛满水的鱼缸里放进一颗石子，鱼缸里的水马上就漫出来了。科学家说："如果放进去一条小金鱼，水就不会漫出来。谁能回答这是为什么吗？"伊伦娜觉得疑惑，自己又想不出道理来，就回到家里问妈妈。妈妈并没有回答她，只是建议她自己试一试。于是伊伦娜通过自己的实验，得出水照样漫出来的结论。不管是科学家的"激将"，还是妈妈的激励，都堪称点拨的典范。他们的点拨都立足于点燃伊伦娜"自己试一试"的好奇心和探索的欲望。新课堂追求现场决策的智慧挑战。巧用点拨，就要多加几个追问：你还有不同的方法吗？你还有更精确的理解吗？你还有更新颖的结论吗？

好的点评应该是激励，点评的实施要注意以下几点：一是想明白"要什么"。"要什么就评什么"，这是新课堂评价的简洁化要求。诸如可以分别将"黑板利用率"、"展示参与率"、"展示形式"、"课堂达标率"等项目分别在不同阶段提出评价的单项要求，立足突出重点，以求重点突破。二是积极引导鼓励学生深入学科知识细节，具体到某些知识点、能力点、情感点尝试进行评价。三是要有评价期望。不仅仅提供一些静态的、是与非的定性，更要提出一些如何才会更好的期望性建议。

"3G"技术突破与"三学"升级

"三学"已经成了高效课堂的专用术语，即"一学是三学"，"独学对学加群学"。"3G"作为一个通信术语大家都耳熟能详，但是，今天却是幻化为高效课堂的一个新概念来用，具体指"高效阅读"、"高效记忆"、"高效表达"，由于拼音首字母都是"g"，故将此三者合称为"3G"。我在多个场合都曾说过："3G"技术是高效课堂的核心技术。高效课堂的深化，"三学"的升级需要"3G"技术的突破。

利用传统的学习技术，从事高效课堂实践，这就集中凸显了高效课堂实践中，学习技术的落后和追求课堂高效的矛盾。由于多年来我们一直专注于"教"的研究，当"学"走向前台的时候，"学什么"倒还容易，但是，"怎么学"，除了流程的规定和引领之外，一涉及具体方法就无计可施了。再加之，放开学生"学"，的确需要更多的时间，教师中完不成学习任务的担忧和抱怨也越来越多。所以，"3G"技术突破，是提高"三学"效率，促进高效课堂深化的当务之急。

要实现"3G"技术的突破，最为关键的是抓好教师与学生"3G"技术课程的系列训练。先谈高效阅读。中小学阅读能力的薄弱一直是人们对基础教育的诟病之一。纵是进入中学阶段，指读、字读、声读、唇读者屡见不鲜。尽管各段《课程标准》在阅读速度上具体规定：小学高年级、初中、高中分别要求达到每分钟不少于 300 字、每分钟 500 字左右、每分钟不少于 600 字，但是，由于缺乏有效的技术检测标准，这一规定几乎落空。阅读速度是制约学习效率和课堂效率的瓶颈所在。再谈高效记忆。记得上学的时候，学习几何《圆的证明》时老师曾归纳出一段歌诀："圆的证明不算难，常把半径直径连；有弦可作弦心距，它定垂直平分弦；如果遇到圆与圆，弄清位置很关键，两圆相切作公切，两圆相交连公弦。"（限于篇幅有省略）学语文时，要求背诵《纪念白求恩》，老师居然把这篇没有韵律的散文改编成天津快板，而且，用二胡在课堂上为我们伴奏，让我们打着竹板的节奏表演："白求恩同志/毫不利己/专门利人的精神/表现在……"时过四十多年，这些歌诀、快板依然记忆犹新。我们不能不慨叹：什么是高效？高效就是忘不了。而且，我们更深刻地体会到，当有趣的方法促成学生"生命的狂欢"，记忆才会相伴永永远远！最后，谈一谈高效表达。关于这一点，魏书生老师的经验可供我们借鉴，诸如，"一分钟板演"、"一分钟讲解"、"一分钟对话"、"一分钟表演"等等，"一分钟"只是一个概念，不必特别较真，但是，不管口头还是书面表达，强化效率意识，提高表达效率，培养关键词表达，尤其是脱稿表达的习惯，的确应该受到大家的重视。

关于名师转型

眼下，社会正处在转型期，转型已经成为各行各业的主旋律。教育自然也在转型，教师也在转型。正所谓，教师转得快，全靠名师带。名师转型就成了当务之急。屈指一算，新课改实施已有十年之久，但是，从面上来看，"教还是那个教"，"讲还是那个讲"，"以教为主"依然统治着课堂。我们不禁要问：让课堂回归学咋就那么难呢？

不可否认，众多的名师多是通过"教"得优秀，"讲"得出彩，而"名"起来的。而且，以"教"和"讲"设立评价标准，依然是各地评选名师的主流。我曾有过深切的体验，许多课改名校的教师，每每参加名师类的评选，多半会名落孙山。遗憾过，苦恼过，无奈过。所以，我们必须发出心底的呐喊："再也不能这样过，再也不能这样活。"名师转型呼唤尽快出台新名师评选标准。作为草根的尝试，我曾提出过"自主、合作、探究、快乐、效率"五指数新课堂评价工具，具体操作方法就是把上述五要素指数化，并且，分别给每项要素赋予最大为 5 的指数值，评课时，按照感觉划出各项目的实得指数数值，然后进行分析。假如，"自主"、"合作"、"探究"、"快乐"指数均≤3，而"效率"指数≥4，这样的课堂即可判为传统课堂；假如，"自主"、"合作"、"探究"、"快乐"指数均≥4，而"效率"指数≤3，这样的课堂即可判为新课堂狂躁症；新课堂追求"自主"、"合作"、"探究"、"快乐"、"效率"指数均趋近于最大指数值 5。阁下不妨思考一下您的课堂属于哪种类型，是否也可以为您的转型提供一种方向参照。千万别把转型看得多么神秘，千万别把转型看得多么难。只要你想转，你就一定能转。"自主"、"合作"、"探究"、"快乐"、"效率"和谐共生的课堂就是我们追求的新课堂，能成就学生这样学的教师就是新名师。

如果说上面的"五指数"评价还多是理念层面的论述，下面不妨再给你一个课堂流程的参考框架。按照课堂的一般规律，要上好一堂课，总是先要明白"学什么（目标）"——然后，应该在老师的指导下放给学生学一学（预习）——究竟学得怎么样，有何疑问，展示出来看一看（展示）——面对展示过程中出现的问题，师生再共同点拨一下（点拨）——最后，通过作业加以巩固（作业）。换言之，一堂课在目标明确的情况下，无非就是学一程，展一程，点一程，练一程。最后，干脆来一个《新课堂歌诀》："三维目标记心间，学展点练四连环。没有学，没有展，紧闭尊口不发言。有了学，有了展，师生一起再点练。课堂原本很简单，模式一变一重天。"

做个课改有心人

新课堂从理论到实践都是一个全新的体系，需要从多方面对传统课堂进行解构和重建。其研究内容几乎涉及课堂的方方面面。大致说来，以下几个方面尤其需要大家予以关注。

新课堂文化研究。新课堂的核心价值追求是什么？需要我们给予哲学的回答。我曾在《中国教师报·现代课堂周刊》《春祥课典》专栏发表过《新课堂文化彰"五本"》的文章，提出了新课堂"人本"、"学本"、"信本"、"乐本"、"效本"的文化观。

新课堂规律研究。朱永新老师告诫我们：教育需要回到原点再出发。其实，新课堂创建从某种程度上说，首要的不是创新，而是回归。回归教育的规律，回归学生身心发展的规律，回归课堂教学的规律，回归学科知识建构的规律。多年来，我一直不断地对课堂教学规律进行探索研究，杜撰出《课堂教学规律论》等系列文章，《春祥课典》曾予以连载。

新课堂模式研究。新课堂的突破必须靠相应的模式流程加以固化，否则，新课堂很容易成为空中楼阁。这一点，杜郎口中学的"三三六"、昌乐二中的"271"等都起到了很好的示范带动作用。概括全国主流课改模式要素，我提出了"目标"—"预习"—"展示"—"点拨"—"作业""五环节"新课堂教学模式，并用《现代课堂的模式解构与重建》一文加以论述。该文后收录新书《发现高效课堂密码》。

新课堂评价研究。从具体操作层面，特别需要紧密结合新课堂特点研发系列评价工具。我曾参与策划了殷都实验区的"五率"课堂评价，最近，又提出了以"自主"、"合作"、"探究"、"快乐"、"效率"为要素的"五指数雷达图"评价法。一组新课堂使用评价工具，作为专章收入《发现高效课堂密码》一书。

新课堂细节研究。有句话叫作"细节决定成败"。新课堂精彩取决于细节的精彩。课堂细节皆学问，滴水见日功夫深。打磨课堂就是打磨课堂细节。关注课堂细节一直是我的研究取向。在《春祥课典》专栏曾连载过《高效课堂的 15 个细节》一文，此文在我的博客上拥有较高的转载率。研究课堂细节，你会突然发现，课堂竟是如此值得玩味。

新课堂问题研究。在新课堂推进的不同阶段，总会出现这样那样的问题。有问题是正常的，没有问题是不正常的。发现问题就是发现发展空间。有问题不可怕，怕的是不研究问题，不改进问题。如何进行课堂的问题研究，《春祥课典》刚刚连载完的《课堂拾"零"》一文或许会供大家参考。

新课堂推进研究。教育纵有千万难，课堂改革第一难。新课堂的推进难上加难。作为区域，或者学校，务必要把新课堂的推进策略当作重点和难点进行研究，确保新课堂能够有效推进。《春祥课典》曾经连载过我的《高效课堂路线图》一文，仅供大家参考。

再如，小组建设及运行机制研究、导学案编写与使用研究、现代媒体与传统媒体整合研究等等，都应该作为新课堂研究的重点内容。但愿各位，做个课改有心人，且把研究当使命。

我是草根我怕谁

提科研会让许多一线教师敬而远之。不少教师都觉得科研很神秘，觉得这种事似乎应该是教授、专家的专利。其实，教授、专家有他们的长处，草根也有草根的优势。新课堂当然需要有专家团队，但是，新课堂尤其更看重草根的力量。新课堂的成功一开始就是以草根的成功为标志的。如果仅仅凭靠教授、专家，或许就不会有杜郎口的卓然于世。

新课堂研究就是要走草根路线，为教育科研提供更适合基层学校，更适合一线教师的科研范本。所以，新课堂研究旗帜鲜明地提出要坚持"四个立足点"：立足草根。一线学校不是专家云集的"学院"，参与新课堂实验的多为普通的校干和教师。我们主张：相信草根，依靠草根，发展草根，成就草根。这就要求，一要，立足田野。立足田野，就是要关照具体的课堂实际，进行广泛调研，通过具体现象解释，运用观察、比较、反思、生成、验证等方法，不断推进课堂变革。二要，立足行动。倡导教师教学行为，由经验型向研究型转变，积极参与课堂研究，紧密结合教学实践，大胆进行反思与重建。三要，立足团队。借助中国教师报全国区域课改共同体，紧密团结实验研究学校，相同子课题研究学校组建同题共同体，整合全国研究力量，合作攻关，实现经验分享。

新课堂研究追求草根而不山寨，简约而不用繁。研究要具体做到：

手中有个题，案头有本书，笔下一段文，成绩有个果。主张研究从课堂细节或问题切入，力戒贪大求洋，虚空浮躁。强调阅读与研究的结合，反思与研究的结合，写作与研究的结合。力戒没有阅读，没有文字，没有成效，肤浅的、浮躁的、无效的研究。

第十章
案例故事一串串

　　教育因故事让人留恋。学会发现教育故事，续写教育故事，传播教育故事，收藏教育故事，都是很有意义的事情。故事可以诉说梦想，故事可以承载思想，故事可以照见人性，故事可以点燃希望。

　　记得一次到乡镇小学听课，全班21个学生，课堂上教师提问37人次，人均参与1.76人次，但是，坐在教室东南角的一个独桌男生整节课却没有一次回答问题的机会。课下我跟这个学生交谈，老师急忙跟上来解释说："这是一个弱智学生。"突然，一个学生又喊了起来："老师，他是傻子。""哈哈，哈……"紧接着传来了同学们的哄笑声。再瞧这个学生，在哄笑声中脸红得发紫。

　　读完这些故事，你该会有怎样的思考？

谁来帮助她

一天，我到一所小学听语文课改实验课，课上突然有一个女生破了鼻子，血不停地流着。只见她一手捂着鼻子，不知所措。面对这一突发事件，老师停下了与学生的交谈。"快，谁来帮帮她?""我!""我!"两个同学急忙搀起她走出了教室……

【评点】

面对学生课上破鼻子这一突发事件，我们设想处理的方法可能会有以下几种:

1. 教师指责学生。"怎么搞的，赶快出去洗一洗。"

2. 教师中断教学，直接帮助学生处置。

3. 就像案例中那样，提示同学帮助。

从教学策略的角度来看，毫无疑问，第一种方法实为下策。学生课堂上突然破鼻子，教师非但不给予同情，反而采用指责的口吻，并且表现为漠不关心的态度，由此得出教师"目中无人"的评价并不为过。但是，现在的情况是，我们不敢承认这样的教师不会存在。第二种方法只能算作中策。假如教师中断教学，干脆自己帮学生去处置，这样也似乎无可厚非，甚至更能表现教师对学生的关爱，但是，这样一是要中断教学，二是学生就会失去自我教育的一次机会。在我看来，案例中的做法的确属于上策。分析原因，一是教师在课堂上不仅仅关注教学的进程，尤其能够关注人，关注人的发展。让学生懂得关心别人，爱别人，这恐怕比老师亲自去关心、去爱要重要得多。巧妙地将"偶发事件"，水到渠成地演变为学生自我教育的过程，可见教师教学艺术的风采。二是面对这一偶发事件，教师并没有只是想到处理这件事，而是紧紧抓住这一难得的教育资源，对其进行即时的评估，拓展其教育价值，可见教师即时教育的智慧。

同学们，下课请洗手

2002 年 4 月 10 日，临淄区实验小学于翠霞老师正在执教全区创造活动观摩课，课题为"智力闯关竞赛"，其中，最后一个环节是让学生用硬币摆成三角形，然后，再调整三角的方向。下课了，于老师对同学们说："这节课我们玩了硬币，下课请洗手。洗手盆、香皂、毛巾已经放在教室外面了。"下课了，同学们纷纷赶到洗手盆边哗哗地洗起手来。

【评点】

传统的课堂教学总是以知识传授为主要任务，再时髦一点，充其量也不过关注一下能力的发展而已。若从这一角度看，"同学们，下课请洗手"，这便只能被称为"画蛇添足"。"洗手"实在对知识的掌握没有多大的帮助，对所谓能力的培养也似乎并无裨益。但是，如果我们能从以人为本的角度思考，学生绝对不是一个个仅仅能盛装知识的容器，他们首先是一个个鲜活的生命。关注生命才是教育的真谛。"同学们，下课请洗手"，一句简单而又朴实的话，折射出了老师对学生生命的关照。生命需要用生命来提醒，生命需要用生命来照料。教师心中如果无"人"，是断乎不会有此举措的。"同学们，下课请洗手"这个小尾巴，的确有锦上添花之妙。

规律为何没找到

3月11日上午到学校进行新课程调研，听了一节一年级数学活动课，课题为"找规律"。现摘录几个细节。

1. 教师播放第一张幻灯片：9只小兔子白黑相间依次从右侧飞入。

教师提问："请同学们观察，小兔子是怎样排列的呢？"

生答："一只白的，一只黑的，一只白的，一只黑的，一只白的，一只黑的，一只白的，一只黑的，一只白的。"

教师给予学生激励性评价。

2. 播放第二张幻灯片：红黄两种小球每两个一组，4组小球红黄两两相间依次从右侧飞入。

教师提问："请问第五组小球应该是什么颜色的？"

生答："红色。"师问："为什么？"生答："第一组是红色的，第二组是黄色的，第三组是红色的，第四是黄色的，第五组应该是红色的。"

3. 教师播放第三张幻灯片：绿黑两色共11枚珠子按照"绿1、黑1、绿1、黑2、绿1、黑3……"依次右侧飞入。

教师提问："第八、第九、第十枚的珠子各是什么颜色，数量应是多少？"

学生画图示。

教师纠错、归纳。

4. 教师播放幻灯片：发声游戏。

①△××△××△××

②△×△△××△△×××

③×××△×△△×△△△

（"△"拍手，"×"敲桌子）

学生现场演示。结果出现比较混乱的局面。

【评点】

本节数学活动课，单从知识的角度分析，其主要目标意在让学生探索数序排列的规律。数序排列的规律对于小学一年级的学生来说的确有一定的难度。课堂上之所以出现学生对规律把握不准，甚至不知所措的情况，主要原因在于教师仅仅满足于学生对出示的问题进行线性的形象描述，而没有启发学生从线性的形象描述中抽象出数序排列的规律性认识。重形象、轻抽象是现在教学过程中存在的一个较为严重的问题，而且，这一问题随着多媒体教学的广泛应用，大有愈演愈烈之势。尽管我们知道，儿童的思维特点以形象思维为主，但是，在多数情况下，形象只是手段，而不是目的。形象思维和抽象思维从来都是相互联系的，离开"抽象思维"，"形象思维"就会大打折扣。教师在课堂教学中，要切实注意把抽象的问题形象化，把形象的问题抽象化。

以案例而言，"找规律"没有抽象，自然找不到规律的家。所谓规律，是客观事物本质的反映。本质一般都是抽象的。我们不妨对如上几个细节的"规律"加以概括。

1. "一只白的，一只黑的，一只白的，一只黑的，一只白的，一只黑的，一只白的，一只黑的，一只白的。"应提炼为"白先黑后，黑白相间，依次排 9"。

2. "第一组是红色的，第二组是黄色的，第三组是红色的，第四是黄色的，第五组应该是红色的。"应提炼为"每组两个，红先黄后，一三五组为红，二四为黄"。

3. "绿1、黑1、绿1、黑2、绿1、黑3……"应提炼为"绿先黑后，绿黑相间，绿数不变，黑为偶数，从1开始，依次加1"。答案迎刃而解。

4.①△××△××△×（单"△"，双"×"）；②△×△△△××××（"△"、"×"从一组开始，往后每组依次各增1）；③×××△××△△×△△△（"×"顺次减1，"△"顺次加1）。

必须声明，我并不主张教师让学生死记这些所谓的抽象规律，但是教师必须要有这样的意识和认识。在教学实践中"自觉"和"自发"都会对教学产生不同的影响。"形象"与"抽象"的转化是教学的真谛所在。

等等，我先走

听说过这样一件事情：有一个小学生越窗潜入办公室，要偷取一张数学试卷，恰在这时老师进来了。学生无地自容，只好灰溜溜地钻到办公桌底下。"别动！请认真听我说话。是，你就点头。不是，你就摇头。"老师用责备的口吻对学生说。于是发生了下面一段特别的师生问答。"你是来取一件东西的吧？"学生点点头。"这件东西是你的吗？"学生摇摇头。"记住，不是自己的东西不能随便拿走。"学生点点头。"等等，我先走。到明天你还是一个好学生。"老师走出了办公室。学生也趁机仓皇地跑出了办公室。明天师生仍旧坦然面对。

【评点】

我们不能不佩服这位老师的教育机智，尤其佩服这位老师的那颗宽容之心。面对学生的错误，老师给予的多是一些责备，甚至老师认为学生就不应该犯错误。但是，错误是生命之所在，人有生命，必然会有错误。俗话说，"金无足赤，人无完人。"犯错误是孩子的权利。我经常在思考：老师，宽容之心你有没有？遗憾的是不少老师恰恰缺乏这一点。宽容不是什么教育技巧，它的背后有高尚人格的支撑。宽容和人格成正比例关系。善于宽容的人一定具有高尚的人格，不能宽容的人我们应该对他的人格产生怀疑。我们不妨扪心自问：我真的十全十美吗？那傻事是否我也干过？多一点宽容，就会多一点温暖；多一点宽容，就会多一点沟通；多一点宽容，就会多一点理解；多一点宽容，就会多一点"人味"。老师，请敞开你的胸怀……

数学课该不该教生字

4月3日我到一所乡镇小学听了一节数学课，课题是《认识人民币》，尽管老师一会儿让学生介绍真币，一会儿让学生用学具人民币纸牌模拟购物，但是仍然有不少学生不能区别币值。分析其原因，原来都是汉字惹的祸。学生不认识元、角、分，更不认识壹、贰、伍、拾、佰这些汉字。

【评点】

从案例来看，有两个问题应该引起我们的思考：

其一，教材编写要注意知识的同步协调。既然数学课上安排《认识人民币》（人教版），语文课上就应该事先学习元、角、分、壹、贰、伍、拾、佰等汉字。遗憾的是，在语文教材上，除去元、角、分在前面出现过之外，壹、贰、伍、拾、佰等汉字均未出现，这样就出现了知识异步滞后的现象。

其二，打破学科壁垒，实现知识综合化。实践证明，各科教材的知识协同是相对的，各个学科总免不了有些不协调。教师要建立综合化的意识，只要是来自于学生学习的需要，数学课上照样可以学语文，反之亦然。譬如这节数学课，安排学生学习元、角、分、壹、贰、伍、拾、佰等这些汉字就显得尤为重要。

老师，他是傻子

记得一次到乡镇小学听课，全班 21 个学生，课堂上教师提问 37 人次，人均参与 1.76 人次，但是，坐在教室东南角的一个独桌男生整节课却没有一次回答问题的机会。课下我跟这个学生交谈，老师急忙跟上来解释说："这是一个弱智学生。"突然，一个学生又喊了起来："老师，他是傻子。""哈哈……"紧接着传来了同学们的哄笑声。再瞧这个学生，在哄笑声中脸红得发紫。

我的心一阵剧痛，不觉从心里发出慨叹：教育最大的失败在于人性的丧失。课下我对这个学生又作了进一步了解。这个学生并没有经过什么专业的智商鉴定，只是大家公认他弱智而已。也许他的智力的确存有一定障碍，但是，现在的问题是，纵然他真的弱智，难道我们就应该这样对待他吗？座位——独居一个分明被人歧视的角落，甚至没有一个学生乐意跟他同位；地位——"弱智"和"傻子"的称呼已经成为他的代号，尤其是同学的哄笑进一步印证了他只不过是全班的一块"笑料"。悲呼哀哉，我已无言。他在这个班中已经不再享有做人的资格，老师和同学也都没有把他当作人。与其说他在这里上学，不如说他在学校里只是经历时间的磨难。纵然是弱智也不会是"零智慧"吧？同情弱者是人的品格天性。教师的神圣责任只能是最大限度地启迪和开发他的智慧。教师没有漠视的权利。柔弱之花，再遭霜打，其可忍为！

我的耳边又响起了学生哄笑，眼前又浮现出他那红得发紫的脸……

她的泪水在诉说什么

有一年由于缺少音乐教师，学校让我带初一两个班的音乐课。记得有一节课我教唱《妈妈的吻》这首歌，其中，我在结课的时候设计了点名让学生到讲台上演唱这首歌曲的活动。为了追求情感充沛的演唱效果，我点名让前排的孙华同学到台上演唱。当时之所以让孙华上台演唱，想来是她有着得天独厚的情感背景。孙华的母亲患有先天痴呆型精神病，当时已经走失半年多的时间。孩子对母亲的思念自然是情之灼灼，歌唱自然声情并茂。"妈妈的吻，甜蜜的吻，教我思念到如今……"唱到最后，她的泪水哗哗地流了下来。我一边弹琴伴奏，一边暗自庆幸教学高潮营造的成功。下课了，孙华的泪水依然在流。后来听说她整个下午就这样趴在桌子上流泪。

现在想来为了营造一个理想的课堂高潮，竟然让一个孩子把伤心展览给同学看，实在是很残酷的一件事情。一个孩子失去妈妈该是怎样的痛苦？况且她又是这样的一个家庭背景。她的心里一定不想让同学都知道她的这些境况。我们无权利用教育手段泄漏学生的隐私，更没有理由让学生在课堂上遭受"合法"的精神伤害。她的泪水不仅仅在诉说着思念和感动，同时也诉说着无奈和凄凉。人性、人情、人道是教育应当悉心呵护的理想之根。

生命的冒险该不该成为 "优秀" 的理由

记得我在 1989 年全国优秀教师巡回演讲稿中曾引用了这样一个故事：1988—1989学年下学期，期末统考结束后，我接到中心校阅卷的通知。不料当天夜里，全身烧得难受，上吐下泻，由于当时身体素质非常糟糕，再加上这一宿的折腾，全身早已筋疲力尽了。但是，那时自己心里只是想，轻伤不下火线，重伤不叫苦。于是，早晨起床后，吃了几个药片，不顾妻子的阻拦硬是骑车向中心校赶去。路上一阵阵头晕，眼前直冒金星。这些征象都在提醒我：再往前走，就是冒险。那时的理智只有一个目标——按时赶到阅卷地点。迷迷糊糊中只是向前，终于昏倒在路旁，幸亏被我的两个学生发现后送往镇卫生院。医生见我面如土灰，呼吸滞缓，赶紧抢救。体温：40 度；血压：40/70cm 汞柱。诊断：急性肠炎。经过一个上午的治疗，我神志清醒起来。医生对我说："假如你再晚来半个小时，也许现在就见不到你了。"当时并没有唤醒我的后怕，我只是感激地还他一个微笑。住了一天的院，第二天我便不顾医生的劝阻，坚持参加了阅卷工作。

这个故事曾经作为我敬业奉献的一个所谓典型事例被到处宣讲过，还一度被报纸、电台报道。现在想来实在 "左" 得够呛。一直到现在，好像我们的主流文化还在用战争思维演绎人生命的价值：工作是第一位的，生命是第二位的。于是乎，不知有多少带病坚持工作的人在为共产主义而奋斗，并且因为这个"撒手铜"的使用被封赏什么荣誉称号。请大家注意，表扬也好，奖赏也罢，如果远离了人道的价值趋向，那将促成对生命的摧残和自戕。对生命的冷淡，便是人性的扭曲。只要不是血与火的战场，只要不是正义与非正义的比拼，我们都应该珍视生命。人是需要有点精神，但这点精神并不完全以生命为代价。轻率地拿生命作赌注，不仅是对自己生命的贱视，而且也是对家庭、社会、事业的不负责任。我们需要认真清除生命认识中的激进思潮，还生命于珍贵。反思上面的故事，当时实在不应该固执地与生命作赌。好好治病，才能够好好工作。当时如果真有什么三长两短，纵然成为什么"以身殉职的楷模"也没有什么多大用处了。对生命的尊重，人性的唤醒，亦并非主张逍遥遁世，贪生怕死。这完全是两种生存态度。珍爱自己的生命，才更懂得生命的价值。假如到了危急关头，需要我们献身，我们会义无反顾地向前。

阶梯教室有了"人"

最近，我们到实验小学、稷下小学举办新基础教育课堂研讨活动，发现两个学校的阶梯教室全都变了模样。原来清一色的成人座椅全部拆除。靠前台中央部分安放着活动升降学生桌椅，左右两边以及后面的座区为新装的成人用桌椅。如今在这里举行研讨课，学生课桌可以因年级不同和身高的差异自由升降，需要分组活动即可现场移动桌椅组合成学习小组。学生再也不用遭受固定的成人桌椅的拘束之苦了。

这一变化可不仅仅是新桌椅替代旧桌椅，这里面反映了从"目中无人"到"目中有人"的教育理念的升华。我从心里感动，阶梯教室终于有了"人性化"的升级版本。我参加过全国许多的课堂观摩活动，这样的活动只要是在校内举办，多在阶梯教室举行。多数的阶梯教室，确切地说都是教职工会议室。桌椅多为清一色的成人化，没有谁把学生的需要设计进去。学生在这样的条件下做课很不自在。有的甚至书没处放，写没处写，动没法动。学生在这里上课近乎一种折磨。记得华东师范大学叶澜教授去年到我区进行新基础教育课堂教学视导的时候，曾经把这一现象称之为"对学生生命的摧残"。现在不少学校都在喊："为了一切学生，为了学生的一切。"这些口号不仅仅应该写在墙上，喊在嘴上，更应该从行动中读出来。

别让读写成为一种"刑罚"

有一次，我到一所城区小学五年级执行抽考任务。考场上不少学生奇形怪状的读写姿势引起了我的关注。我仔细作了统计，全班 52 个学生，能全部做到"三个一"的竟然一个也没有；握笔姿势正确的 24 名，仅占 46％。有的学生将试卷自然倾斜 30°，习惯斜着身子答卷；有的握笔的握点太靠下，强迫脊柱和脖颈弯曲，头必须趴在桌子上才能看见手下的字；有的由于握笔的指位不正确，尝受着用力"刨字"和"画字"的艰难。如此读写俨然一种刑罚，每时每刻都在损害着学生的生命。更为可悲的是，由于不良习惯的养成，这种损害已经成为学生的自觉行为，甚至，这种损害将伴随终生。生命之自残，孰能忍为？但是，这些现象不少老师都已经司空见惯，并没有多少老师能够从尊重学生生命意义的角度进行思考，要么推脱责任，"都是幼儿园惹的祸"；要么放弃矫正，"习惯已成自然，没办法"。这难道就是"爱心"的表白？我们咋就总停留在对知识的关照上，而不愿对学生人性多加呵护？

读写姿势不正确，其危害是多方面的。首先，它是导致眼睛发生异常、视力下降等现象的主要原因。读书或写作时，应该是胸部自然挺直。如果任其长时间自然松懈，脖子向前弯曲，就会使颈部动脉受到压抑，脖子和眼睛就会处于充血状态。这样时间久了，就会造成眼压升高，眼球隆起，眼轴随之变化，最终出现眼部异常而导致近视。据有关资料显示，目前我国学生的近视率已经居世界第二位。中小学生近视率已达34.6％，高中生近视达70％，我国青少年因近视致盲的人数已达30万人。其次，可以导致脊柱畸形和胸廓畸形。第三，直接制约读写的速度。不少的学生书写速度太慢，多为不良读写姿势所致。

国外有谚语云："人是习惯的奴隶。"王尔德也有这样一句名言："起初是我们造成习惯，后来是习惯造成我们。"让孩子们端坐在桌前是件很不容易的事，他们往往过不了多会儿就又使眼睛靠在书本面前了。对此，无论是家长还是老师都要随时提醒。当然必须明确，低幼年级的老师尤其肩负着不可推卸的责任，但培养良好的读写习惯不仅仅是幼儿园和小学低年级的事，各个学段的老师都要从热爱学生生命的角度，不断提醒。还可以采取读写姿势专项评价，以及作业、考试捆绑读写姿势附加成绩的办法，加大读写姿势的干预力度。我们必须明白：课文读错了可以重读，字写错了可以重写，而不良的读写姿势一旦定型就会成为一种"刑罚"贻害终生。

第十一章
阳光总在风雨后

回忆人生是一件痛苦的事情。

弹指间已经度过了55年的光阴，教坛耕耘也有38个年头。

正是："悠悠岁月，欲说当年好困惑。亦真亦幻难取舍，悲欢离合都曾经有过，这样执着，究竟为什么？漫漫人生路，上下求索，心中渴望真诚的生活。谁能告诉我，是对还是错，问询南来北往的客……"

人生因规划而精彩

谈人生，我永远不会忘记高中时的恩师，后来成为著名企业家的徐盛堂老师和我的一次谈话。记得那是一个晚上，徐老师专门让我跟他在宿舍里做伴。当时，我们都公认他是一个大学问家，敬慕于他的山东大学生物系毕业的原始本科学历。他一向和蔼，从不在学生面前摆"架子"。我在高中的时候，身体非常瘦弱，学习成绩平平，但不少老师对我特别关心。跟老师在宿舍做伴，我当时觉得是挺了不起的"待遇"。晚上我们谈了很多，其中最为深刻的便是关于"野心"的谈话。徐老师问："春祥，你知道什么是理想吗？"我当时真的不知道理想为何物，一时不知如何应对。徐老师沉稳而又坚定地说："理想，说白了就是'野心'。一个人来世界上走一遭，总得给世界留下点什么。"越是到后来，我越发感觉到当时徐老师贬词褒用的良苦用心。不管做什么没有点"野心"是不会成事的。

1975 年 10 月，由于村办联中需要民办教师，我便凭借贫农出身和高中毕业的资格开始了漫漫的教坛生涯。教坛是神圣的，神圣的教坛孕育出神圣的理想。我又想起了那次关于"野心"的谈话。我自知起点很低，但是我坚信"不怕不行，就怕不干"。我欣赏："要站就站上云头，要飞就飞上九霄。"从踏上教坛的第一天开始，我就想一定要做一个出色的教师。于是，我开始我的三个"十年规划"。当时，我曾狂妄地设想：

到而立之年，要在全区拥有一定的影响；不惑之年，在全市占有一席之地；天命之年，在全省产生一定声誉。结果我不负事业，事业也不负我。在我 31 岁的时候（1989 年），被评为全国优秀教师。在我 43 岁的时候（2002 年），被评为淄博市中学语文学科带头人。51 岁的时候（2010 年）被评为山东省特级教师。眼下，我正在只争朝夕地为 60 岁的理想而奋斗。

追求人生的理想是生命的义务。我坚信：人生因规划而精彩！

我很笨，但是我不敢懒

说我笨绝对不是一种自谦的客套。小学的时候，考试成绩曾经辉煌一时，但是，好景不常在。一进入中学，就再也没有名列前茅。七十年代末恢复高考，也曾两次参加高考，但是都名落孙山。为了铭记愚笨的耻辱，曾经连续 10 年用于春（愚蠢）作笔名发表文章。我从来不忌讳言说自己的笨。在我看来，笨是一种智力状态，但却不是一种人生状态。我坚信勤能补拙的良训。所以，"我很笨，但不敢懒"就成了我的人生信条。于是，我把读书、反思、写作作为人生发展的三大支柱。1986 年开始参加中文专科自学考试，所有教材都读得烂熟，有 4门课的考试成绩在全市名列前茅。近 30 年来，我一直坚持买书、读书、藏书的习惯。我始终坚持：学习再忙也要读书，手头再紧也要买书，住处再挤也要藏书，学识再浅也要谈书。我越来越深深地体会到：读书既是一个了解世界和思考世界的过程。又是一个人心灵自我观照的过程。通过阅读来反刍自我、提升自我，从而养成内省和深思的习惯，这无论对一个人的精神成长，还是学养的形成都是至关重要的。

从参加自学考试以来，我一直坚持一个习惯，就是每天坚持早起 1个小时，读一些文化、文学或是科普方面的东西，这样一天的生活就不会枯燥，而且总是富有活力；晚上晚睡一个小时，读一些哲学的，或是现代教育理论的东西，这样一天的生活便会增加一个理性反刍、反思、过滤的过程。你别小看这每天两个小时，30 年可就是21900多个小时，折合 7.5 年标准工作日。我把这 7.5 年戏称为我的研究生生涯。

有句俗话："人过四十不学艺。"我偏偏要给它一个逆反的理解。人逾不惑依然惑，今日不学何日学？为了适应信息时代的特点，我近乎疯狂地学习电脑、网络知识。尽管在单位我既不算富裕的，也不算聪明的，但我却是第一个买电脑，第一个上宽带网，第一个自制并使用教学软件执教公开课，第一个发布个人主页，第一个建立博客，第一个外出讲学的人。这几个第一，绝不是赶时髦，这的确是一种成长的责任。

笨人没有懒惰的资格。电脑网络难学，咱就天天练；过去读书太少，咱就天天读；反思动笔欠缺，咱就天天写。"乌龟"别老指望"兔子"打盹，只能指望步子再大一点，速度再快一点，能缩短与"兔子"的距离就是胜利。当然，一旦碰上"打盹"的"兔子"也说不定拔得头筹。

懒，是人生的劣根，不懒太难。

既笨且懒，人生玩完。

那场雨，依然在心里下

凡是有过民师经历的人，都不会忘记人生的辛酸与苦难。正如巴尔扎克所说："困难和苦难对于人生是一块垫脚石……对于能干的人是笔财富，对于弱者是个万丈深渊。"

那是 1986 年夏末。几天来，老天爷一直阴沉着脸，雨，一直在下。我当时在老家住着三间破草房。那是土得掉渣的一栋房子：根基只有三层青砖，往上全是土坯，为了帮助室内通风，老鼠帮忙打了很多的墙洞。房子很矮，站在床上，足可以伸手摸到屋顶。房顶上的麦秸已经有几处脱落，上面用几块塑料纸打着补丁。俗话说："屋漏就怕连阴雨。"几天来，我的心一直提在嗓子眼，总担心大雨把这房子冲垮。一天夜晚。天空用黑色的涂料装饰得阴森可怖，风呼啸着发出骇人的怪叫，电闪伴着轰鸣的雷声，在天空中挥洒着它那血腥的长鞭。夜已经 11 点了，我和妻子都不敢入睡。暴风雨真的来了。那雨呐喊着，先是零星的侦察，碰到东西发出啪啪的尖叫，继而又弥漫成哗哗的一片，如银河决堤倾天而至。屋顶再也经受不住这样的摧残，终于又开始漏水了。我和妻急忙用盆子接水，一会儿，所有的锅碗瓢盆都派上了用场。这儿嘀嘀嗒嗒，那儿叮叮当当。正当我们无奈地遭受"生活潦倒"交响曲折磨的时候，院子里几条阴险的水龙又通过鼠洞窜入屋内，只一会儿，这里又上演了一出"水漫金山"。我和妻瓢舀盆端，但是，积水却舀也舀不尽，端也端不完。

四岁的女儿惊坐在床上，哇哇直哭，妻子也在不断地抽泣。黑夜的哭声更添了几分凄凉。我不哭，我没有资格哭。一个堂堂的男子汉，由于是一个民办教师，竟然不能拥有一个老婆孩子安居之所，我打心里觉得愧疚。老天爷呀，你咋这样狠心捉弄一个穷教师呢？我叫天天不应，叫地地不灵。雨终于停了。经过半宿的折腾，积水终于清理干净。我和妻坐在床上，整夜没有合眼，心里只想，这日子可怎么过呀？

　　天亮了，我劝妻子带上孩子到岳父家暂住。我还是按时赶到学校给学生上课。那个时候还当真就是有点傻劲，家可以先抛在一边，学生就是丢不下。人就是要有点精神。写到这里我不觉想起了苏轼的《冬景》"荷尽已无擎雨盖，菊残犹有傲霜枝。一年好景君须记，最是橙黄橘绿时。"

那双鞋老在我面前晃

那是 1989 年 6 月的一天，我来到临淄城——辛店参加全国优秀教师评选。记得当时参加评选的共有 45 人，其中有二分之一都是当时的领导阶层，像我这样的无名小卒寥寥无几。见到这个阵势，我心已经凉了半截，心想，不用说全国优秀，看来就是全省优秀也没咱的份。我心灰意冷地徘徊在教育局的走廊里。突然听到有人喊我："于老师，请过来一下。"原来是时任教育局政工科长的王桂文老师在喊我。我急忙随她进入办公室。王老师显出难以启齿的样子，最后不得不开口对我说："于老师，今天的评委资格都很高。区委副书记、副区长、人大常委会副主任、政协副主席、工会正副主席、人事局正副局长、教育局正副局长才有资格作评委。"说着她把眼往我脚下一瞅，"你瞧一下你这双鞋，太那个啦。你带钱了没有？"说着王老师就要掏钱。我急忙感激地说："带了，带了。"当时的脸究竟红到啥样我不得而知。我无地自容地匆忙走出教育局。

泪水在眼眶里打转。低下头看了一下那双鞋。那是一双塑料凉鞋：脚面上的襻带三根断了两根，并且修补的"装饰"几乎全部覆盖了鞋子的原貌。后面的襻带有一根已经和脚底"分家"，走路得指望脚趾用力扒住脚底。实在是让我自己都看不下去了。但是，我当时的确再没有别的什么鞋了。当时，我因为盖房子，欠下了6000多元的账。那个时候，

6000元足以把人压得透不过气来。又恰逢父亲住院手术再添一千多元的新债。家庭经济已经彻底崩溃了。要不怎么会穿着这样的鞋进城"赶考"？我来到自由市场，掏出借来的仅有的 5 元钱，买了一双"瓜皮布鞋"。凉鞋是万不能扔掉的，急忙把它放入鞋盒之中，待回家干活时穿。中午饭就只好来"空城计"了。

你别说，我还真的应该感谢那双"瓜皮布鞋"，穿上它顺利地完成了全国优秀教师竞选演讲。结果"天不灭曹"，全国优秀教师榜上有名。我的命运开始从此改变。

一直到现在，我不管取得什么进步，我都不会忘记那双凉鞋。奋斗，只有奋斗，我才能对得起我曾经的苦难。

让奉献成为习惯

作为一名教师，心中有爱，事业才不会寂寞。对事业之爱，让人生更高尚；对学生之爱，让生活更充实；对同事之爱，让人气更旺盛。

下面这几件平凡的事，但愿能诠释奉献的真诚。

2000 年 12 月，我因痔瘘切除手术住进了医院。当时，单位正在搞年终教学视导，我是一个视导小组的组长，在人手紧张的情况下，我的住院的确影响到了整体的工作。就这样，病情刚有好转，我便投入了工作。当时的感觉：走也是疼，坐也是疼。这种病的确是挺折磨人的。工作非常紧张，一天单是听课就要五六节，一连十几天，我都是坚持站着听课。尽管后来我又补做了三次小手术，需要打吊瓶时只好安排在晚上打，但是，我一直坚持着边治疗，边工作。有些校长曾拿我的例子做榜样，启发教师如何敬业爱岗。教育局领导也夸奖我"精神可嘉"。当时，我只是想，不算什么大病，疼一点自己忍一忍就会过去，影响了工作心里可就不踏实了。

对自己的要求还是严一点好，而对学生就要献出所有的爱。

作为一名教师，如果远离学生，就是最大的失落和悲哀。从事教研工作以来，我一直不忘千方百计地寻求直接给学生上课的机会。每年都要给本区或外区县的学生上八十多节课。我喜欢上课，站在学生面前，我总是激情澎湃，我的课也总是能赢得阵阵的掌声。老师们评价说，我的课之所以掌声不断，那是因为我不仅仅是用嘴在上课，而且是用我的心，用我的爱，用我的情在上课。几节课能够给予学生的东西或许太少，但是，人格的影响或许更应该多一些吧。

只要奉献出的是真诚的爱，你便会得到真诚的爱。对学生是这样，对同事也是这样。人缘、道德、学识我把它称之为人格三要素。好的人缘是良好道德的必然结果。与同事相处，我主张"与己为善，与人为善"，主张"关心他人比关心自己更重要"。

2002 年 5 月中旬，我们组织全区核心实验学校的三十多名教师到上海崇明县参加新基础教育共同体第五次全国研讨会。一天晚上，吃了饭不久，我们几个人就感到身体不适，我们开始担心食物中毒。11 点，跟我同房间的相老师突然肚子疼得厉害，我也直想呕吐，此时，相老师病情的发作似乎抑制了我的症状，我赶紧坚持着把他送往崇明县立医院。一切手续办完之后，我的症状又上来了，我让人替我护理，自己回到宾馆房间，呕吐一阵之后，赶紧吃上药。其实，当时如果让别人护理，自己休息一下并没有什么不妥，但是，作为出门在外同房间的同事，此时还躺在医院里，心里只是想，只要自己还走得动，就要跟同事共患此难。于是，我又赶到了医院，安排别的老师休息，接替护理工作。记挂别人，心里才会踏实，这或许就是人的所谓"精神"吧。

最近几年，《中国教师报》年年都组织大型公益活动——课改中国行，年年我都会作为主力参加。为全国的课改做一点贡献一直是我的追求。

智慧就在网中央

2010　为了配合《中国教师报·现代课堂周刊》上《春祥课典》专栏的推出，我在新浪网开设了同名博客。值得庆幸的是，《春祥课典》作为《现代课堂周刊》的品牌栏目，普遍受到读者的喜爱和好评。如果你用谷歌输入"春祥课典"点击搜索，瞬间会找到约8860000条结果。众多教育网站、学校网站纷纷将专栏文章作为重点文章予以转载推荐。《春祥课典》正在相伴《现代课堂周刊》，为全国的课改摇旗呐喊，并且逐步形成了自己的栏目风格：立足草根的课改实践，关注课堂的活的情景，信奉真切的生命体验，坚守实操承载理念，坚持用通俗注解深刻，拓展独立的话语系统，让读者一读能知"其然"，一想能知"所以然"，一做就能见到改变，一坚持就能乐"改"不疲。

"问渠那得清如许，为有源头活水来。"我一直觉得，课改研究必须深入课堂实际，亲历活的情景，获取活的资源，面对活的问题，促进活的生成。一年来，我去过全国 26 个省市，到过三百多所学校，转过三千多个课堂。凭借我三十多年的研究实践，以及由痴迷课堂而升华的"课感"，我努力使我文章的每一个字都应该是"蹦着"、"跳着"、"活着"进入文本的。因为，我真的不能对不起这么丰富的、"活的"资源，真的不敢愧对我担负的研究使命。

在我看来，开发智慧最好的工具就是笔，划时代的笔当然是键盘。

每天晚上，静静听着"啪啪"的键盘击打声，就好像欣赏一首动人的乐曲，当一篇篇文章发到网上的时候，我才发现智慧天使在键盘上踩着"梅花桩"跳舞，竟然是那样的潇洒。翻看着《春祥夜话》《春祥课典》，我自己都有些惊奇，我的大脑中居然有着如许的智慧？我突然又有些后怕，假如我仍然没有开《春想夜话》《春祥课典》，难道这些智慧就这样白白地窒息而死？智慧的历时性决定了它是有寿命的。开发就是为智慧输氧。外显的文字便是智慧量度的重要标志之一。大脑需要及时的"备份"。"备份"不仅仅是"备忘"，而且是对智慧生成的一种奖励机制。智慧的开发需要坚持独立自主的原则。对智慧的漠视就是对生命的亵渎。谁都希望不断增长自己的智慧，但是，智慧永远不会与懒惰为伍。谁想拥有智慧，谁就要与付出做伴。有时付出就意味着吃苦，假如没有苦的体验，就一定证明你还没有投入。要记住，苦难是快乐的投资。没有苦难作基础的快乐，那是快乐的一种轻浮状态。问智慧今在何方？正所谓，"众里寻她千百度，蓦然回首，智慧却在，键盘上跳舞。"

且用研究写春秋

在我看来，教师工作有三重境界：一是干活。纵然干一辈子活，也未必成就一件事，这就是平庸的被动式生存。二是做事。纵然做一辈子事，也未必取得一项成果，这就叫优秀的适应式生存。三是研究。做一辈子教师，研究一辈子教育，这样就能享受卓越的创新式生存。

在我的研究生涯中有三个重要的阶段对我产生了深远的影响。一是新基础教育研究阶段。2001—2003 年，我追随叶澜教授进行新基础教育实验。叶澜教授的教育理想：把课堂还给学生，让课堂焕发生命活力；把班级还给学生，让班级充满成长气息；把创造还给教师，让教育充满智慧挑战；把精神发展的主动权还给师生，让学校充满勃勃生机。新基础教育实验给我带来了脱胎换骨的改变。这种改变是深刻的，是从理念到行为的一次洗礼。一直到现在，叶澜教授的《重建课堂价值观》《重建课堂过程观》《重建课堂评价观》等大作，依然如在耳畔。

在人的一生中如果能够相遇大师是一种难能可贵的机遇。我是幸运的，不仅相遇了叶澜，还相遇了朱永新教授。2003—2009 年，追随朱永新教授进行新教育实验。营造书香校园，师生共写随笔，聆听窗外声音，培养卓越口才，构筑理想课堂，建设数码社区，六大项目区域推进，在全区教育开创新局面的过程中，个人的理论素养和实践能力得到跨越式提升。向大师学习，让你提升人格；与大师对话，让你变得自信。尤其是在新教育圈中结识了一大批教育家朋友，让我事业的进取不再感到孤单。与教育家做朋友，朋友的存在就是你成长的标杆，朋友的存在就是你人格的典范。我信奉：只要上路，就有庆典；只有坚持，才有精彩！

三是 2010 年内退之后，有幸进入中国教师报高效课堂研究团队。三年来，我得以凭借高效课堂一个项目，行走了全国 26 个省市自治区，深入到三百多个学校进行课改调研，做报告二百多场。我始终坚持一路走，一路想，不忘留下一路文章。从 2010 年开始，《中国教师报》先后为我开了《春祥课典》《新课堂工具箱》《传统课堂十八怪》的专栏。三年的行走，让我深刻地体会到：经历就是眼界，眼界就是胸怀；文字就是思想，思想影响未来。

假如没有研究，我的那些成果将从哪里来？

假如没有研究，我的快乐成长将从哪里来？

朋友，最后还是让我来唱支歌与大家共勉："人生路上甜苦和喜忧，愿与你分担所有。难免曾经跌倒和等候，要勇敢地抬头。谁愿常躲在避风的港口，宁有波涛汹涌的自由。愿是你心中灯塔的守候，在迷雾中让你看透。阳光总在风雨后……"

图书在版编目（CIP）数据

发现教师成长密码/于春祥著. —济南:山东文艺出版社,
2014.11
ISBN 978 – 7 – 5329 – 4770 – 6

Ⅰ.①发…　Ⅱ.①于…　Ⅲ.①师资培养—研究
Ⅳ.①G451.2
中国版本图书馆 CIP 数据核字（2014）第 245478 号

发现教师成长密码

于春祥　著

主管部门	山东出版传媒股份有限公司
出版发行	山东文艺出版社
社　　址	山东省济南市英雄山路 189 号
邮　　编	250002
网　　址	www. sdwypress. com

读者服务	0531 – 82098776（总编室）
	0531 – 82098775（市场营销部）
电子邮箱	sdwy@ sdpress. com. cn

印　　刷	山东德州新华印务有限责任公司
开　　本	710 毫米×1000 毫米　1/16
印　　张	14.5　插页/2
字　　数	160 千字
版　　次	2014 年 11 月第 1 版
印　　次	2021 年 1 月第 3 次印刷
书　　号	ISBN 978 – 7 – 5329 – 4770 – 6
定　　价	36.00 元

EDUCATION DISCOVERY · EDUCATION DISCOVERY · EDUCATION DISCOVERY · EDUCATION DISCOVERY EDUCATION DISCOVERY · EDUCATION DISCOVERY · EDUCATION DISCOVERY · EDUCATION DISCOVERY · EDU CATION DISCOVERY · EDUCATION DISCOVERY · EDUCATION DISCOVERY · EDUCATION DISCOVERY VERY · EDUCATION DISCOVERY · EDUCATION DISCOVERY · EDU CATION DISCOVERY · EDUCATION DISCO EDUCATION DISCOVE RY · EDUCATION DISCOVERY · EDUCATION DISC

教育发现